得茅台镇酒文化和传统文化**双熏陶**
与中国改革开放和民营经济发展**双同步**
享赤水河流域酱香型白酒原产地和主产区**双优势**

怀庄 40 年
一个酱酒品牌的发展史

郭旭、许峰、李思瑾 ◎ 著

中国商业出版社

图书在版编目（CIP）数据

怀庄40年：一个酱酒品牌的发展史/郭旭，许峰，李思瑾著. -- 北京：中国商业出版社，2023.11
ISBN 978-7-5208-2716-4

Ⅰ.①怀… Ⅱ.①郭… ②许… ③李… Ⅲ.①酱香型白酒-酿酒工业-工业史-仁怀 Ⅳ.① F426.82

中国国家版本馆CIP数据核字(2023)第214492号

责任编辑：郑　静
（策划编辑：蔡　凯）

中国商业出版社出版发行
（www.zgsycb.com　100053　北京广安门内报国寺1号）
总编室：010-63180647　编辑室：010-83114579
发行部：010-83120835/8286
新华书店经销
涿州市旭峰德源印刷有限公司印刷
＊
710毫米×1000毫米　16开　21印张　300千字
2023年11月第1版　2023年11月第1次印刷
定价：300.00元
＊＊＊＊
（如有印装质量问题可更换）

序

我知道赤水河畔的茅台镇上，有一个叫做怀庄的企业。在贵州省文史研究馆工作时，怀庄的陈果为创办企业图书馆和收集赤水河流域文献，曾来馆里寻找相关地方文史书籍。

最近，几位年轻人撰写的《怀庄40年》，摆到了我的案头。翻阅之余，不禁在想，一个企业，在复杂竞争环境下持续经营、不断壮大，能不能为我们提供一些启示。

浏览书稿，一个赤水河畔酱香型白酒品牌成长的生活文化历史活色生香。1983年创立于茅台镇德庄村的怀庄，历经40年风雨，经受住了社会和市场的多重考验。品牌的成长，影响因素固然众多，表象背后，定有深藏的文化内容值得挖掘。

梁漱溟先生在《中国文化要义》一书的开篇指出，文化"就是吾人生活所依靠之一切"。梁先生认为，文化是一个民族、一个族群"生活的样法"。换句话说，文化就是一群人为了适应环境而生存下来，从而产生一整套有惯性的生存系统。

由德庄三合院和两座晚清墓葬组成的文物群，以及近年发现的50余份契约文书，见证了陈氏家族百余年的发展历史。对土地和功名的

向往，是这个家族在传统社会的典型生存样态。进入现代社会后，他们的生活样法，也随之发生改变。乘着改革开放的政策东风，陈果和族兄创办个体经济和民营企业。生存方式和形态发生变化，但其间不变的一点，就是在不断因应生活环境变化，对时代诉求做出最新、最好的回应。

在企业经营和品牌培育的过程中，家族文化传承的因子有机融入，从而实现创造性转化。对传统文化和价值观念的坚守弘扬，在经营中弥合家族企业与公司治理之间的鸿沟，都是值得深入思考和借鉴的。

举例来说，有碑刻资料记载，陈氏先祖在咸丰初年捐赠银860两，用于修建道路。铺路修桥，是传统社会士人的积德行善之举。在今天的怀庄，仍然延续着百余年前的家族传统，不断向社会释放善意。用流行的话来讲，就是履行企业社会责任。

又譬如说，"诚""和""孝"等传统文化核心理念，为怀庄所吸取、弘扬，从而成为企业的价值观。坚持"诚信酿造未来，和谐发展怀庄"，开展"三讲三爱三感恩"教育，在企业内部倡导孝文化，无不提示这个企业所秉承的核心价值理念。通过对传统文化的再创造，凝聚起持续奋进的精神力量。

怀庄在发展的过程中也体现了现代商业文明的特质。以贵州茅台酒为典型代表的酱香型白酒，以其娴熟的酿制技艺和厚重的历史文化传承，在全国的知名度和接受度达到空前的高度，已经成为全行业的标杆。怀庄作为一个酱香型白酒企业，对传统酿造手工技艺的坚守和崇敬，是值得着重指出的。

序

40年来，怀庄坚守传统大曲酱香型白酒酿造工艺，坚持为消费者提供一杯质高价优的美酒，在传承技艺的同时实现企业价值。前人有言，"技可进乎道，艺可通乎神"。用"神乎其技"来形容酱香型白酒之酿造，亦无不可。谁还能说，怀庄所传承的酿酒之道是"小技"呢？在更加广阔的市场上，能够满足消费者多样需求，承载酱香型白酒深厚文化的，是怀庄这样的大众品牌，对传统文化和价值观念的坚守，经现代商业文明理念的创造性转化而成为企业特质。这种弘扬传统技艺、成就非凡产品、尊重市场规律、树立合规经营的理念，也是怀庄体现现代商业文明的表征。

怀庄的故事，还是一个改革开放深入推进、民营经济活力不断迸发的故事。1983年怀庄创设，正是得益于国家经济领域改革的深入推进。从允许国营经济、集体经济和个体经济多种经济形式的同时并存，到给予民营企业合法利益以法律保障。一系列深度改革，推动民营企业发展、唱响春天的故事。

随着有中国特色的社会主义市场经济体制的建立和完善，市场在资源配置中的决定性作用得以充分发挥。怀庄因应市场行情和发展环境变化，探索出了与其自身发展相适应的生产经营管理模式。在持续创新产品开拓市场的同时，创设企业图书馆，热心地方文化事业，着力赤水河流域文化的传承，无不体现一个企业对发展环境的不断调适。

怀庄的40年，是中国白酒产业发展的微观个案。国发〔2022〕2号文件指出，发挥赤水河流域酱香型白酒原产地和主产区优势，建设全国重要的白酒生产基地。白酒产业是贵州重要支柱产业，为推

动白酒产业高质量发展，贵州已积聚起了强大的势能，凝聚起了强大的合力。

怀庄的40年，是亲历见证中国改革开放实践和民营经济发展的四十年。几个年轻人籍怀庄企业发展历史研究的实践，也是对改革开放如何在新时代"两个结合"中更好发挥民营经济闯市场的先期效应，探索推进中国式现代化民间实践的具体行动，并将其生动的成长细节记录下来，丰富一个时代微观历史的社会生态学现场。若是如此，这种精神值得鼓励和发扬，在酿造美酒的同时酿造更加醇厚的人类文化生态，未来可期，必大有可为。

是为序。

顾久

2023年11月9日于贵阳

（顾久先生系贵州省人大常委会原副主任、民盟贵州省委原主委、贵州省文联原主席、贵州省文史馆原馆长、贵州师范大学文学院教授、著名文化学者）

本书核心人物合影

左起依次为陈启龙、陈米、陈绍松、陈浪、陈元,是领导怀庄发展的中坚力量。

陈果：怀庄联合创始人，怀庄集团党委书记、董事长。曾背着酒挤火车参加糖酒会、展销会，坚守大曲酱香型白酒传统酿造工艺。醉心文化事业、热心公益事业，是为地方酒业发展做出积极贡献的当代乡贤。

陈绍松：怀庄联合创始人。担任厂长20年，负责日常经营管理，2003年退休后，成为大家口中的"老厂长"。

陈启龙：2003年接替父亲陈绍松职位，怀庄集团总经理，低调务实的酿酒大师，与陈果董事长配合无间，共同将怀庄发展推向新的高度。

陈浪：怀庄新生代，现任分管财务的副总经理，毕业于北京理工大学，在父亲陈果的熏陶下，对酱酒业有着深厚的感情。

陈元：怀庄新生代，现任分管生产的副总经理，毕业于西安理工大学，在父亲陈启龙的要求下，长期扎根生产一线磨炼。

他们有着共同的身份：党员、怀庄人。
他们是怀庄的缔造者，是怀庄的灵魂人物，是怀庄的代言人。在国家持续优化民营经济发展环境、促进民营经济发展壮大的政策指引下，他们必将带领怀庄走向更加辉煌的明天！

怀庄编年简史

1983年8月18日，陈果、陈绍松在茅台德庄创设"怀庄制酒厂"。

1985年，酱香型瓶装酒"怀庄窖"上市销售。

1986年10月20日，"怀庄"商标在国家工商行政管理局商标局成功注册。

1987年7月，怀庄荣获遵义地区质量管理合格奖。

1988年12月，怀庄荣获贵州省乡镇企业局质量"金凤杯"奖。

1990年12月，陈果、陈绍松出资收购昆明军区酒厂。

1991年2月，贵州省轻纺工业厅向怀庄颁发酒类生产许可证。

1992年1月，陈果、陈绍松出资收购王德和酒厂，同年更名为贵州省仁怀县茅台镇怀庄窖酒厂。

1994年，更名为贵州省仁怀市茅台镇怀庄酒业有限公司。

1996年4月，怀庄获中共遵义地委、遵义地区行署"先进企业"表彰，怀庄酒荣获"96中国名优食品博览会金奖"。是年始，怀庄连续多年获得"纳税先进单位"表彰。

1997年12月，中共仁怀市委、仁怀市人民政府授予怀庄"文明单位"荣誉称号。

1998年4月23日，怀庄党支部成立，是贵州省仁怀市第一个民营企业党支部。是年始，中共贵州省委、贵州省人民政府连续5年授予怀庄"贵州省先进企业"荣誉。

2001年2月，怀庄获中共遵义市委、遵义市人民政府"1998—2000年度文明单位"表彰。是年，中共仁怀市委、仁怀市人民政府授予怀庄"仁怀市非公有制经济先进企业"称号。

2002年4月22日，经贵州省人民政府批准，动工修建怀庄路9号厂房。是年，中华人民共和国农业部授予陈果"第四届全国乡镇企业家"荣誉称号。

2003年4月13日，仁怀市人民政府批复同意命名"怀庄路"。是年，农业部授予怀庄"全国诚信守法乡镇企业"称号，老厂长陈绍松因身体原因退休，陈启龙接任陈绍松岗位。

2004年2月，怀庄党支部成为"遵义市非公有制企业党建工作示范点"。是年，陈果荣获"第五届全国乡镇企业家"称号。

2005年1月27日，怀庄荣获茅台镇2004年度纳税第三名、申报中国酒都成功突出贡献特等奖、回报社会先进企业等表彰。同年，陈果荣获"贵州省劳动模范"称号，仁怀市人民政府授予怀庄"中国酒都十强民营白酒企业"称号。

2006年12月7日，组建贵州怀庄酒业（集团）有限责任公司，怀庄成为一家集产、供、销于一体的实体集团企业。同年，公司荣获中共贵州省委、贵州省人民政府"精神文明建设工作先进单位"，"怀庄"牌注册商标被评为"贵州省著名商标"。

2007年9月，怀庄荣获遵义市人民政府颁发"遵义市五强白酒企业"称号。

2008年，怀庄旗下"红旗国酒"商标被评为"贵州省著名商标"。怀庄赞助并参加中国（遵义）酒类博览会，该博览会为中国（贵州）国际酒类博览会之前身。

2009年3月，怀庄获"中国酒都十强民营白酒品牌企业"。是年，为主动适应酱香型白酒市场发展趋势，怀庄组建营销事业部，重置营销模式。

2010年，怀庄杯楹联、诗词、书法大赛成功举办。

2011年4月19日，怀庄位于坛厂的包装仓储项目开工建设。5月19日，名酒工业园区酿酒基地破土动工。同年，怀庄牌怀庄酒获贵州省人民政府"贵州名酒提名奖"，怀庄获"仁怀市'十一五'工业十强民营企业"。

2012年8月16日，经中共仁怀市委批准，中共贵州怀庄酒业（集团）有限责任公司委员会正式成立，是茅台镇第一家民营企业成立的党委。

2013年8月24日，怀庄建厂三十周年庆祝大会在仁怀市会展中心隆重召开。是年，由地方文史专家穆升凡主编的《贵州怀庄酒业（集团）有限公司志（1983—2013）》，由中国文史出版社出版发行。怀庄获贵州省国税局、贵州省地税局全省A级信用纳税企业。

2014年5月22日，怀庄公益社挂牌，9月，怀庄获中共贵州省委宣传部、中共贵州省委统战部、贵州省民族宗教事务委员会颁发的全省民族团结进步创建活动"示范企业"称号。

2015年2月11日，怀庄举行首届"十大孝星""二十四孝贤"颁奖典礼。是年，"怀庄及图"商标获中国驰名商标称号，怀庄坛厂基地工会小组获中华全国总工会"全国模范职工小家"称号，怀庄获贵州省国税局、贵州省地税局全省A级信用纳税企业。

2016年2月，总经理陈启龙以"企业经理30余年诚信酿酒 打造信用企业"事迹，入选中央文明办中国好人榜。是年，怀庄酒荣获第二届"贵州十大名酒"银质名酒奖，总经理陈启龙荣获首届贵州酿酒大师称号，怀庄酒荣获贵州省名牌产品。

2017年8月5日，《茅台德庄》系列丛书出版发行暨作品研讨会在怀庄举行。是年，仁怀市文体广电新闻出版局下发文件，同意怀庄筹建赤水河流域地情图书资料馆暨茅台德庄书屋，怀庄获评第二批"贵州老字号"，荣获贵州省文明单位。

2018年2月26日，董事长陈果率田云昌参加贵州白酒企业发展圆桌会议，陈果作交流发言。8月5日，陈果应邀在仁怀市大坝镇新田村为大学生讲授主题党课。是年，获中华全国总工会"模范职工之家""职工书屋示范点"。

2019年1月29日，仁怀市酒业协会授予陈果"致敬改革开放40年人物"，陈元获"十大传承人"荣誉，怀庄荣获"酒都100强企业"认定。是年，贵州省文化和旅游厅副厅长汪文学到茅台德庄书屋考察，陈果家庭荣获全国"书香之家"称号。

2020年8月28日，总经理陈启龙代表怀庄出席仁怀市慈善总会成立大会，赞助资金20万元。是年，以怀庄党建文化中心、茅台德庄书屋、怀庄文化博物馆为主体的怀庄四合院，展陈圆满完成并全部投入使用，标志着怀庄文化建设迈上新台阶。怀庄荣获贵州省劳动关系和谐企业称号。

2021年6月25日，茅台学院院长封孝伦一行参观考察茅台德庄书屋，6月30日，怀庄举行第二届"十大孝星""二十四孝贤"颁奖典礼。是年，怀庄获贵州省民主管理示范企业称号，怀庄获"2021年度仁怀市经济社会发展优秀企业"表彰，荣获贵州省文明单位。

2022年，怀庄联合创始人陈绍松荣获"光荣在党50年"纪念章。是年，怀庄酒荣获中国酱香白酒核心产区（仁怀）十大名酒荣誉，结对坛厂街道樟柏社区强力推进"百企兴百村"工程。

2023年7月，怀庄联合创始人陈果荣获"光荣在党50年"纪念章。8月17日，"怀庄40年·公益在行动"金秋助学活动成功举办。

目 录

怀庄编年简史 ………………………………………… 1

第一章　历史怀庄 ………………………………… 1
  定名"怀庄" …………………………………… 4
  从德庄走来 …………………………………… 16
  迈进茅台镇 …………………………………… 25
  茅台有条怀庄路 ……………………………… 35
  怀庄"铁三角" ………………………………… 45

第二章　美酒怀庄 ………………………………… 55
  顺应时令的酿造密码 ………………………… 58
  七个轮次酒的奇妙组合 ……………………… 66
  "与茅台酒同地、同源、同技" ………………… 72
  时间和微生物的神奇力量 …………………… 78

第三章　党建怀庄 ………………………………… 83
  这些"第一"不一般 …………………………… 86
  光荣在党50年 ………………………………… 96
  人心稳　企业兴 ……………………………… 102

全国模范职工小家·················110

对这片土地爱得深沉·················116

第四章　品牌怀庄·················123

品牌建构：从山村小厂到中国驰名·················126

品牌管理：严苛质控铸牢根基·················137

品牌传播：循着产品进万家·················144

品牌愿景：让发展惠及更多人·················150

第五章　文化怀庄·················157

诚信酿造未来·················160

和谐发展怀庄·················166

讲孝道·················172

"不忘本，才能与时俱进"·················181

第六章　责任怀庄·················191

怀庄样本·················194

决战脱贫攻坚·················199

万企兴万村　怀庄在行动·················206

捐资助学：怀庄新传统·················214

为产区发展奉献怀庄智慧·················224

茅台镇商会的金字招牌·················228

目录

第七章　书香怀庄 · 235
　　"德庄的儿子" · 238
　　怀庄的文化标识：茅台德庄书屋 · 244
　　书香更胜美酒香 · 251
　　"赤水河流域文化中心"的怀庄贡献 · · · · · · · · · · · · · · · · · · 258

第八章　人物怀庄 · 263
　　陈果：怀瑾握瑜　大道康庄 · 266
　　陈绍松：从厂长到"老厂长" · 273
　　陈启龙：酿一杯有生命的酒 · 281
　　怀庄新生代：创新以致远 · 289

第九章　怀庄力量 · 295
　　品质筑基 · 298
　　品牌筑魂 · 300
　　品格筑梦 · 303

参考文献 · 307
后记 · 313

第一章　历史怀庄

怀庄40年，与中国改革开放同生同行、与民营经济茁壮成长同向同步，得益于国家政策的鼓励支持、地方政府的精心呵护、白酒行业的持续健康发展，也得益于自身发展过程中形成的"怀庄模式"。

1978年，这个不同寻常的年度，中国拉开了改革开放的帷幕。1983年，改革开放的春风吹拂黔北大地，诞生了怀庄等民营白酒企业。怀庄创业史、发展史上的重要时间节点，是每一个怀庄人都清楚记得的。1983年8月18日，怀庄在赤水河畔的德庄建厂。20世纪90年代初，在收购位于茅台镇上的原昆明军区酒厂后，怀庄又收购了王德和酒厂。在茅台镇河滨街316号扩建厂房，并建成公司办公楼。2002年，动工修建茅台镇怀庄路9号的公司总部基地。2011年，同时动工修建坛厂基地和名酒工业园区酿酒基地。回望40年历史，可以发现从德庄走来的怀庄，在迈进茅台镇后不断壮大，最终形成了茅台基地、坛厂包装基地、名酒工业园区酿酒基地"铁三角"空间布局。

　　怀庄40年，是引领茅台镇民营白酒企业发展的40年，是仁怀白酒产业规范发展的40年，是赤水河流域酱香型白酒产业发展的缩影。怀庄40年，是一个白酒行业发展的微观个例，更是一幅展现中国民营企业不断发展、改革开放不断深入、社会主义市场经济体制不断建立和完善的宏伟画卷。

定名"怀庄"

> 赤水河流域盐酒商业文明的涵养，国家酒类管理政策的松动，陈果、陈绍松的工作经历和创业实践，共同构成了怀庄创业的历史时空。

"酒冠黔人国，盐登赤虺河"

贵州地处祖国西南内陆，素不产盐，需从周边省份输入，以川盐入黔为主。清代田雯在《黔书》中说，贵州食盐"仰给于蜀，蜀微，则黔不知味"，可见蜀盐对贵州人民生活的重要性。

清乾隆元年（1736），四川巡抚黄廷桂将川盐入黔的水道定为四大口岸，"由永宁往曰永岸，由合江往抵黔之仁怀[①]曰仁岸，由涪州往曰涪岸，由綦江往曰綦岸"。沿黄金水道赤水河的仁岸为主要盐道，居川盐入黔四大口岸之首。

[①] 北宋大观三年（1109）仁怀始置县。明隶属四川遵义府，清雍正五年（1727）随府改属贵州布政使司。几经兴废，治所亦迁徙无常。中华人民共和国成立后，仁怀属遵义专区。1995年11月30日，经国务院批准撤销仁怀县，设县级仁怀市。本书中，除必要地方外，均以"仁怀"一词指称仁怀县或仁怀市。

第一章　历史怀庄

据刘洁和李迪华《"四渡赤水"区域多重文化时空叠合研究》[①]一文,仁岸盐运的大体情况是这样的:盐运到赤水东门码头后,逆赤水河而上到猿猴(今元厚镇),是为第一站;第二站从猿猴到土城,因滩险无法通航,改为陆路;第三站从土城到二郎滩,走水路;第四站从二郎滩到马桑坪,因吴公岩长滩阻隔、陆路艰险崎岖,只能人工背运;第五站从马桑坪到茅台[②],主要用船运走水路。

盐运到茅台后,一路经怀阳洞、长干山到枫香坝,经柴溪(今鸭溪)到遵义,再由遵义往贵阳等地。另一路经盐津河、鲁班场、吴马口(今五马)到岩孔、打鼓新场(今金沙)去黔西、毕节等地。因盐运的发达,茅台成为赤水河流域重要的食盐中转地。西南巨儒郑珍,将之概括为"蜀盐走贵州,秦商聚茅台"(郑珍《吴公岩》),以此描述茅台商业发展的特色。

赤水河航道的开辟,使蜀货溯河而上,销往贵州地区。黔中酒、茶等特产,也赖以外销巴蜀秦晋,推动赤水河流域商业文明快速发展。郑珍深刻把握住了赤水河流域经济社会发展的特征,留下了"三代井法废,大利归贾魁。肥痴享厚息,锦绣挥舆儓"的诗句。他站在儒家传统立场,认为三代施行的井田之制遭到废弃,天下大利俱归于商人,对商人射利颇多不满。却给后人了解赤水河流域商业文明的发达,留下了宝贵的纪实性资料。

赤水河岸边的土城[③],汇聚了十八商帮,其中"酒帮"处于显著的位置。在赤水河流域的商业线路上,酿酒业发达。同时,伴随着赤水河流域商业的繁荣,酒也成为商人转运和经营的大宗商品和常见货物,诞生了专业商

---

① 载《城市发展研究》2014年第10期。

② 茅台本是赤水河边一个小村落,因盐运和酿酒而知名于世。1930年改村为镇,始有茅台镇建制。当地老人迄今仍称其为"茅村",是这一历史文化记忆的最好体现。在本书中,"茅台"一词根据上下文语境,分别指称不同历史时期的茅台或茅台酒。

③ 今习水县土城镇。

帮"酒帮"。

茅台酿酒产业更是兴旺发达。道光年间《遵义府志》载："仁怀城西茅台村制酒，黔省称第一。其料纯用高粱者，上；用杂粮者，次之。制法：煮料，和曲，即纳地窖中，弥月出窖熇之。其曲用小麦，谓之白水曲，黔人又通称大曲。酒一曰茅台烧。仁怀地瘠民贫，茅台烧房不下二十家，所费山粮，不下二万石。青黄不接之时，米价昂贵，民困于食，职此故也。"

这段记载表明，最迟在清道光年间，茅台所酿之酒，已经享有盛名。小麦制曲、高粱酿酒，发酵周期长等基本工艺已经成型。拥有烧房20多家，每年酿酒消耗粮食上百万斤，茅台成为远近闻名的酿酒专业集镇。

郑珍路过茅台，在《茅台村》一诗中如此写道："远游临郡裔，古聚缀坡陀。酒冠黔人国，盐登赤虺河。"陈熙晋也有《茅台村》一诗："村店人声沸，茅台一宿过。家唯储酒卖，船只载盐多"，咏叹茅台商业发展，尤其是酒业贸易兴旺发达之盛况。

无论是郑珍，还是陈熙晋，都真实描述了茅台商业经济发展的特色，即聚焦于盐和酒。茅台因盐而兴，因酒而名，因酒而盛。虽经百年离乱，茅台一地的酿酒生产，几未曾中断。正是茅台悠久酿酒历史的涵养，孕育出了怀庄等众多知名白酒品牌。

"可予办理批准手续"

中国古代对酒的管理，有税酒、榷酒、禁酒等不同做法。顾名思义，税酒是政府对酒的生产消费征收一定费税，由民间自由酿造、售卖和消费。诗文鼎盛的唐代，多数时期只是象征性地征收酒税。榷酒之制最早出现于汉武帝时期，在宋代达到顶峰。其要在于由政府掌握酒的生产、销售的全部或部分环节，其目的是加强对酒的控制和管理，以增加政府财政收入。禁酒之制，则或禁止生产、销售，甚而连消费也设立禁区。其目的多是节约粮食，规避因普遍饮酒而造成的负面影响。在长达数千年的时间里，这三种管理方式交替使用。

中华人民共和国成立后，在全国推行酒类专卖管理制度。1951年1月，财政部召开全国首届专卖会议，确定对酒类商品实行专卖管理。5月，财政部颁发《专卖事业暂行条例》，对全国酒类实行统一专卖管理。条例规定，酒类专卖由财政部税务总局负责。组建中国专卖事业总公司，制订生产计划，负责日常经营事务。零售酒商可由经过特许的私商承担，对违章违法行为的处罚也作出了严格规定。中国酒类市场消费量极大，通过专卖能获取利润和税收，为国家建设筹集资金。政府实行酒类专卖后，可根据粮食丰歉情况调整酒类生产，以确保粮食安全。对酒类实行专卖，是此后数十年间执行的与计划经济体制相适应的一项重要经济制度。

到1978年，酒类专卖管理在执行中出现了一些问题。1978年，商业部、国家计委、财政部在给国务院《关于加强酒类专卖管理工作的报告》中指出，部分公社、生产队、农场、机关、团体、学校、部队、企事业单位自办小酒厂，自由经营，浪费粮食，影响国家财政收入，有的国营酒厂违反国家价格政策和统一计划管理自定价格、自销产品，社会上的私酿私卖活动又有所抬头。

针对酒类生产环节存在的问题，报告提出要整顿国营酒厂，严格新增酒厂和酿酒车间的审批和管理。公社、生产大队、生产队等集体所有制单位办的酒厂，必须坚持不准用粮食酿酒的原则。农场、畜牧场和部队、机关、团体、学校等单位，以批准留用的饲料粮（先酿酒后以酒糟做饲料）开办的制酒车间，经县级专卖部门与工商行政管理部门审查属实，可予办理批准手续。

报告强调对酒类生产、运输、销售进行整顿，加强酒类专卖管理工作。

但与之前的酒类专卖管理规定相比，释放了强烈的政策信号：机关团体、企事业单位乃至公社、生产队开办的酒厂，都能够获得批准手续，从而得到国家的认可。这为20世纪80年代初酿酒企业的大量涌现，提供了政策依据。也为怀庄的问世，提供了条件。

德庄陈氏

德庄陈氏，是怀庄创业故事的主角。坐落在赤水河畔的德庄，见证了河水千万年的奔腾流淌。怀庄创业故事的源点，就在德庄。

贵州省酒类产品质量检验检测院副院长郭礼说，仁怀是"天底下酒与文化融汇贯通最好的地方"。茅台因为有厚重的历史与文化，成为世人景仰和向往的地方。我们则可以说，德庄是哺育陈氏一族的福地，是怀庄创业故事开始的起点，是怀庄品牌价值和企业文化的精神源泉。

在历史上，赤水河是长江上游水系中繁忙的交通要道。贵州省文史研究馆馆员、知名文史专家龙先绪老师，在《赤水河通航考述》一文中写道："我出生在赤水河上游，青少年时代是在赤水河边长大的。家史记述我的先祖乐于赤水河的水运交通，于嘉庆初年卜居赤水河边柑子坪。我青少年时代犹见赤水河各种大小木船行驶，络绎不绝，还有修河队、淘滩、筑坝、修纤道，一年四季十分热闹。"

与龙氏相似，德庄陈氏亦是从别处迁到赤水河畔。据记载，德庄陈氏为明末名将陈继舜之后，因避祸辗转迁徙到四川古蔺县百家寨。至陈果烈祖陈大常，于清道光年间从赤水河左岸迁居右岸。清雍正五年（1727），朝廷从云贵总督鄂尔泰所请，将四川所属遵义、桐梓、绥阳、仁怀、正安等地，改隶贵州管辖。据道光《遵义府志》载："我朝雍正五年，割入黔疆北藩，始壮幅

第一章 历史怀庄

员,广袤二千里,田赋关税半全黔。"遵义改隶贵州行省后,对贵州发展之助力自不待言,迄今其经济实力仅次于省城贵阳而远超其他市州。

陈氏迁居,与遵义地区文化和地理上的归属大有关系。仁怀等地行政隶属上虽从四川而贵州,但德庄与百家寨这分属赤水河两岸福地的交相影响,却未因此而阻隔。早在乾隆三十八年(1773),陈果太祖陈琦便已在今德庄附近,以银187两5钱购入地名小木瓜的水田,以为永业。乾隆五十七年(1792),陈琦又以银245两,购入3处地产。陈大常从四川古蔺百家寨,迁入仁怀茅台附近之德庄,并于道光二十三年(1843)建成三合院。据《茅台德庄陈氏契约文书》载,从购入小木瓜水田开始,德庄陈氏财富积累过程加速,持续典当、购入大量土地,成为地方望族。

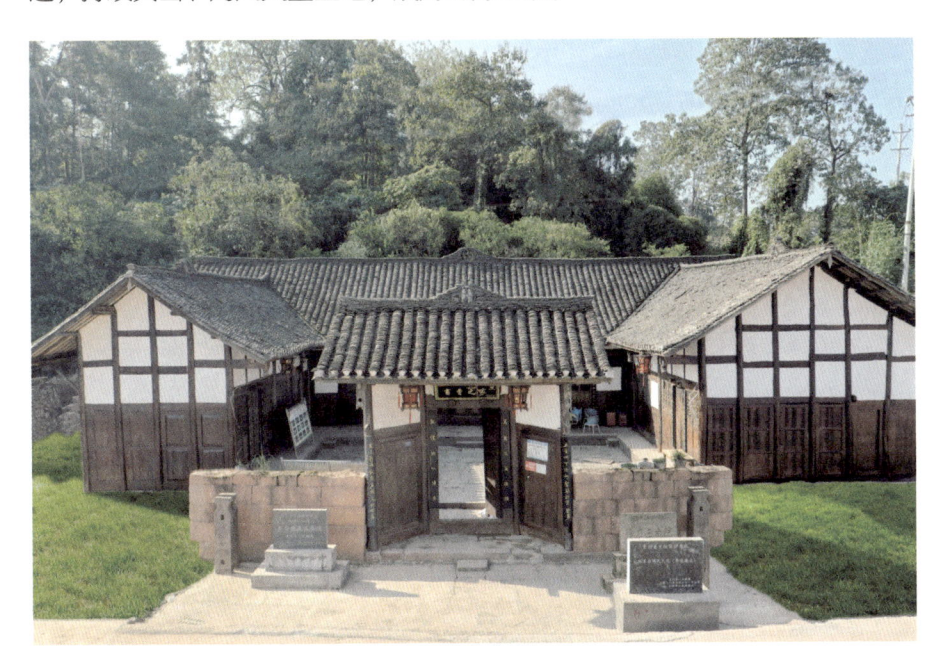

茅台德庄三合院

陈氏祖宅茅台德庄三合院,是贵州省级文物保护单位,其保护工作现已移交贵州茅台酒股份有限公司。

正如龙先绪老师《<中华嘴德庄陈氏族谱>序》所写："赤水河滥觞于乌蒙大山之后,穿峡破谷,一路东流,我家就住在南岸的柑子坪。再往下游60华里的地方,河水由东南转向西北流淌,黔岸称中华嘴,蜀岸称百家寨。两岸土地肥沃,人烟密布,上千户人家,丰衣足食,怡然自乐,好似桃源仙境。堪舆家言两岸地形:一为美女晒羞,一为懒汉弹球,而河水中又有传为倒流三滩之四川古蔺马湖屯雷家祖坟在焉。山川灵秀,实生哲人,自清乾隆以来陈氏家族科第蝉联,称为望族。"

在龙先绪老师看来,"山川灵秀"的德庄风水"实生哲人",而德庄陈氏一族亦符"望族"之称。在五马河入赤水河处,存有一块立于咸丰初年的"万古永垂"修路碑,其上有陈大常、陈于逵、陈于书父子三人捐银860两的记载。家资殷实的德庄陈氏,乐善好施。860两的大手笔,别说是在山谷之中,便是富饶之地也算不小的数目。

惜不久之后,贵州爆发各族农民大起义。知名历史学家范同寿先生在《贵州历史笔记》中写道:"因声势浩大、起义队伍众多、坚持时间长达10余年,历史上习惯于将之形容为'咸同风暴'。"在这场风暴中,陈于逵身死,光绪皇帝曾下旨旌表。陈于逵墓与陈大常墓、德庄三合院一道,成为承载德庄文化的重要标识。

正如穆升凡老师所写:德庄"距茅台镇中心地域9华里,紧依赤水河岸,后靠自动大山,前朝凤竹山,山朝水绕,紫气蒸腾,云祥霞蔚。一个具有传奇和象征意义的乌龟石成为这里的地理坐标。"在《从德庄到怀庄的光辉历程》一文中,穆升凡礼赞德庄陈氏为军事世家、文化世家、商贸世家、酿酒世家,兼具果敢刚毅、儒雅仁爱、精敏诚信、秉承法度的精神气质、人文涵养和高尚品质。

德庄陈氏是军事世家,因先祖陈继舜是明朝将领,陈于逵是地方团首,

第一章 历史怀庄

因公殉职后圣旨加赠都察院经历衔，陈以观是四品武阶云骑尉，陈希龄是四品武阶恩骑尉和地方团绅。

德庄陈氏是文化世家，陈大常是岁进士，陈于逵是拔贡，陈于时、陈于书是庠生，陈以观是廪生、诰授文林郎，陈希龄是郡庠，皆有诗文传世。

德庄陈氏是商贸世家，陈氏所居之地是茅台去黔西、毕节的盐运古道和商贸要道，陈氏曾在宅舍设店经营副业，耕读传家外兼营商贸。

德庄陈氏是酿酒世家，德庄得毗临茅台之地利，陈氏自迁入始便曾着手酿酒，其所酿之酒以清醇甘冽而著名。

穆升凡老师的总结，并无夸大。德庄陈氏经陈琦、陈大常、陈于逵、陈以观、陈希龄、陈世忻、陈德文以至陈果，家世绵延，在地方可称显赫。陈果董事长编印的"茅台德庄"系列丛书，多有陈氏相关记载，其记事均为可信。近200年间，德庄陈氏热心地方事务和文化教育事业，见证了赤水河流域经济社会数度变迁，在流域开发史和区域发展史上留下浓墨重彩的一笔。

亦如陈灼所说："这方小小的水土，也是机缘巧合，造化垂青，到底与酒同气连枝，相惺相惜，延延绵绵为人间生出诸般醉意来。"陈灼曾长期任职于仁怀，并曾任遵义市方志办主任，对茅台一地的历史颇富感情，其总结可谓不易之论。今天的茅台德庄陈氏，非特传承了先辈诗书传家的优良基因，更是将"与酒同气连枝"的机缘，发挥到了极致。

"我们共同创业之路，由此开始了"

茅台德庄，是陈果、陈绍松出生和成长的地方，也是他们创业开始的地方。

怀庄40年
一个酱酒品牌的发展史

位于赤水河边的茅台德庄

摄于2013年,照片上怀庄捐资修建的德庄桥清晰可见。现已被贵州茅台酒股份有限公司征用,建成其生产车间。

1947年,陈绍松出生。3年多后,陈果出生。用陈果的话说,陈绍松是他"相隔九辈的族中兄长",是"一生学习的榜样"。在回顾怀庄的创业史和发展史时,我们发现,两位创始人早期较为接近的经历,终于在1983年,找到了一个可以终其一生为之奋斗的交汇点。

1961年,刚过14岁的陈绍松,从仁怀四中初中毕业,回乡务农;5年后,担任中华乡粮管员。1969年,经过乡里推荐,参加湘黔铁路修建工作。当时

第一章 历史怀庄

的修建大军采用准军事化管理，将来自中枢区①的人员编为一营，陈绍松任统计员。湘黔铁路建设工作完成后，陈绍松仍回到粮管员的岗位上。后来代理过中华公社②的武装部长、公社秘书等职。陈果言道："用今天行政级别，也算是干过副科级工作的干部。"陈绍松曾担任的粮管员、统计员、公社秘书，从事的都是内部管理工作。

与陈绍松相比，陈果早年的经历要更加丰富一些。在仁怀二中念完初中时，知识青年上山下乡运动，正开展得如火如荼。陈果响应伟大领袖的号召，成了返乡知青。返村后，陈果在石坛厂打过石头，担任过村小的民办教师和代课教师。1972年，以多种经营辅导员身份进入中华乡政府工作。1975年，进入县供销社中华分店。工作单位虽然变换，但工作地点仍在中华乡。三年后，陈果当上了中华分店的经理。

在乡政府从事多种经营指导和统计工作时，陈果就走遍全乡四个大队每一家农户，对各家的经济林、果木树的数量、种类、分布，对哪家养了几头牛、几头猪、几只鸡，都了然于胸。在供销社工作时，陈果将中华分店的日常工作，搞得有声有色。他还广寻门路，去赤天化拉紧俏的化肥，供应生产队农业生产。联系卖叶子烟的、卖菜的、卖肉的，聚集乡里交易，赶起了乡场。对外的交际，让陈果深入了解家乡，让他得到了历练，也熔铸了他心系桑梓的情怀。

1982年，改革开放的春风吹拂到了贵州大地。陈果和陈绍松、陈绍楠兄弟

---

① 清雍正十三年（1735）徙仁怀县城于亭子坝。1940年，当局以亭子坝为县内南北交通枢纽，更名为中枢镇。新中国成立后，曾在仁怀县以下、乡镇以上设各区，是时德庄属于中枢区。2005年改设中枢街道办事处，2009年分设为中枢、盐津和苍龙三个街道办事处，是为今仁怀市中心城区。

② 德庄属中华公社。"中华"一词，在地名中较为常见。本书所言的中华，不同时期有中华公社、中华乡、中华片区等建制，在并村浪潮中又改设中华村。现其部分地方被茅台酒厂征用，为贵州茅台酒股份有限公司中华片区。

共同创建了仁怀县中枢区油料加工厂①。陈果任厂长，陈绍松任会计，开启了他们的联合创业生涯。

油料厂运用坪子上生产队的保管室和院坝，从四川绵阳市粮油机械厂购来加工机器，用两台50千瓦柴油机作动力，生产木油（桕油）和桐油②。油料厂自主订价收购原料桐籽和桕籽，与鲁班、茅坝的供销社签订原料收购合同。多年后，陈启龙回忆道："那时我是收购。就是背着钱到处转，到处收，到处找点。找到一个合适的人，我就甩几千块钱在那里，（他）给我收。"

加工的木油和桐油自主销售，但当地的需求却极为有限，亟须拓展销路。兄弟俩商议，一同前往省城贵阳找销路。他俩用麻布口袋，装了30斤自家地里种的柑橘。穿上崭新的衣服，坐班车到贵阳。兄弟俩到贵阳后，住在北京路廖家的小旅馆里，人地生疏。第二天，匆忙上街，在茫茫人海中，逢人就打听需要油料的地方。陈果在一篇文章中回忆道："两天后，我俩终于找到了贵阳东山日化厂。我和大哥进了包鹤鸣厂长的办公室，木油销售给贵阳东山日化厂生产香皂和肥皂。这是我们成功的第一步，也是关键的一步。"

和东山日化厂这个"大买家"建立了良好的合作关系后，油料厂的销路问题完全解决。但在经营过程中，他们认识到，油料加工高度依赖于原料，导致生产的季节性太强，难以做大做强。他们谋划着，在油料加工厂正常经营的基础上，开创新的事业。陈果、陈绍松兄弟第一次创业，选择了油料加工这个行当，是基于陈果对中华乡及附近乡镇油桐、桕树栽种的深入了解，是从自己最熟悉的领域开始的。

---

① 据回忆，油料厂持续经营到1992年。但在怀庄创建后，酱香型白酒酿造、销售成为陈果、陈绍松的经营重心。

② 木油是由整粒乌桕籽所得的半固体脂，可供制作高级香皂、肥皂、蜡纸、蜡烛、油漆、油墨等。桐油为脂肪酸甘油三酯混合物，具有良好的防水性，广泛用于建筑、油漆、印刷油墨、农用机械、电子工业等方面。乌桕树、油桐树都是大戟科植物，广泛生长于田间地头，是我国南方重要的工业油料树种。

第一章　历史怀庄

作为赤水河养育出来的德庄子弟，当他们在谋划拓展事业时，自然将眼光聚焦到了熟悉的酒上。陈果本人善饮，年轻时能喝下两三斤白酒，酒量之大在中华乡是出了名的。在供销社工作的时候，销售的商品中，酒就是大头。

到1983年初，随着国家经济政策逐渐放开，在茅台附近，已经有人通过挂靠的方式，兴办酒厂。

这年的8月18日，陈果、陈绍松在赤水河边的德庄，联合创办起了酒厂。多年后，陈果言道："我们共同创业之路，由此开始了。"

因厂址在仁怀县中华乡德庄，取"仁怀"之"怀"和"德庄"之"庄"，定名"怀庄"。

一段传奇，由此开启。

从德庄走来

> 国家关于多种经济形式同时并存的方针，贵州酒类生产经营管理的加强，怀庄迈上了规范化发展的轨道。

"要多种经济形式的同时并存"

1978年，党的十一届三中全会胜利召开，大会决定把全党工作重点转移到社会主义现代化建设上来，拉开了中国改革开放的序幕。私营经济得到一定程度的承认，开启了我国民营经济发展的新历程。

1982年9月1日至11日，中国共产党第十二次全国代表大会在北京召开。提出"建设有中国特色的社会主义"这一重大崭新命题，成为指引改革开放和社会主义现代化建设的伟大旗帜。党的十二大报告明确指出：由于我国生产力发展水平总的说来还比较低，又很不平衡，在很长时期内需要多种经济形式的同时并存。多种经济形式的合理配置和发展，才能繁荣城乡经济，方便人民生活。

1982年12月4日，第五届全国人民代表大会第五次会议通过"八二宪法"。第十一条规定："在法律规定范围内的城乡劳动者个体经济，是社会主

第一章 历史怀庄

义公有制经济的补充。国家保护个体经济的合法的权利和利益。国家通过行政管理，指导、帮助和监督个体经济。"明确提出国营经济、集体经济和个体经济缺一不可，申明国家保护个体经济的合法权益，为民营企业的出现创造了有利条件。

1983年1月2日，党中央印发的《当前农村经济政策的若干问题》提出：企业可以试行经理（厂长）承包责任制，企业所有权和企业积累属于集体，经理在集体授权范围和承包期限内全权处理企业业务，完成承包任务后，经理报酬从优或按超额利润分成。

党和国家对多种经济形式的认识转变，为民营企业大量涌现创造了有利条件。正是得益于国家政策的照顾，怀庄横空出世。

1983年8月18日，陈果、陈绍松组建仁怀县中华乡怀庄制酒厂。厂址位于赤水河边的茅台德庄，当时叫仁怀县中枢区中华乡坪子大队德庄生产队。经过40年的风风雨雨，原厂址早已被贵州茅台酒股份有限公司征用，建成第二十五车间。

建厂之初，怀庄有土木结构厂房3栋、窖池10个，按照茅台工艺从事大曲酱香型白酒生产酿造。

《仁怀县怀庄酒厂章程》

1985年9月20日，怀庄厂委会通过了《仁怀县怀庄酒厂章程》。为我们了解创业初期怀庄酒厂的经营管理情况，提供了不可多得的资料。照录如下：

第一章 总 纲

第一条 怀庄酒厂是在党中央"改革、开放"方针的指导下,在大办乡镇企业的号召下建办起来的厂,为了为国家的四化建设增添一砖一瓦,为了使农村闲散劳力得到利用,经多次研究,最后决定举办中华乡乡办企业"怀庄酒厂"[a]。

第二条 怀庄酒厂是社会主义的集体经济,必须坚持党的方针、政策,按党和国家的有关规定办厂,坚持质量第一、信誉第一的原则,逐步巩固提高。

第二章 性质及规模

第三条 厂址定在仁怀县中华乡德庄。

厂名"怀庄制酒厂"。

第四条 厂的性质,怀庄酒厂属中华乡政府办厂,系乡办企业,是中华乡集体经济的一部分,厂长和厂委会在乡政府的领导下开展工作。

第五条 厂的经营方式,怀庄酒厂以生产白酒为主,坚持自己生产、自己包装、自己销售的"三自方针"。

第六条 生产车间设置锅炉,蒸汽溜酒,二条火,十七个窖,年

---

① 在这份章程中,有"怀庄酒厂"和"怀庄制酒厂"两种写法,怀庄公章为"怀庄制酒厂"。在怀庄的档案文献和地方政府部门的文件中,也是"怀庄酒厂""怀庄制酒厂"两种称谓混用,"怀庄酒厂"可视为"怀庄制酒厂"的简称。

产量100T的规模[a]。

第三章 资金来源及组织机构

第七条 资金来源，采取自筹资金建厂，向国家、银行或单位、个人借款投入生产的办法，自筹资金10万元、借款10万元，共计集资20万元。

第八条 组织的建立

建立厂委会，厂委会由厂长一人、副厂长二人、委员若干人组成，按厂长责任制开展工作。下设生产车间、制曲车间、包装车间、供销、财务、保卫、质量等部门，各车间、单位领导由厂长或厂委会指定。

第九条 厂长由职工大会选举，乡政府批准，每届任期二年，也可以连选连任。厂长是企业的法人代表，全权主持厂的产、供、销工作。副厂长由厂长提名，职工大会通过，乡政府批准，副厂长协助厂长搞好厂的各环节、各部门工作。

第十条 厂的一切经济收、支，必须通过财会入账，非业务开支在十元以上必须经厂长同意，五十元以上必须经厂委会同意。厂长有权随时提取财会账务进行审查。

第四章 管 理

第十一条 酒厂用工采取就地取材，招用当地闲散劳动力，双方签订用工合同，按计件付给工资，尽量使工人农业、工业两不误。

---

① 章程所言的17个窖、年产100吨的规模，是基于德庄厂房的最大产能。实际上，怀庄在发展过程中，逐步脱离德庄厂房的限制，走向了茅台镇和更加广阔的天地。

第十二条　酒厂所得的利润，除按国家规定提取外，其余部分留厂使用，发展再生产。

第五章　章程的修改和其他

第十三条　章程在历史的发展中，有不符合当时社会需要，必须修改的，必须经厂委会讨论通过后方能修改。在下一届厂长任期中，对章程的修改也必须经过厂委会的意见，方能有效。

第十四条　本章程于1985年7月份起草，9月20日通过。

从当时保存下来的相关材料，可以看出创始人的筚路蓝缕。章程是经过反复研讨修改后形成的，并经厂委会表决通过。细读章程内容，能够看出初创时期民营企业发展的艰辛，也能看到民营企业所具有的活力。

章程强调，建厂目的是充分利用农村闲散劳动力、为祖国四化建设添砖加瓦，强调酒厂的性质是社会主义的集体经济，挂靠在中华乡政府。当时，民营经济的作用不断得到国家重视，但个体经济、民营经济尚未独立取得合法身份。怀庄酒厂要想顺利开办和正常运行，就不得不做出顺应历史情境的选择，挂靠在乡政府名下。

章程规定，实行自己生产、自己包装、自己销售的"三自方针"。还对日常管理、组织运行、资金筹集、财务收支、招工用工、利润分配等都有详细规定，为酒厂的正常运行和扩大再生产，框定了范围、指明了方向。

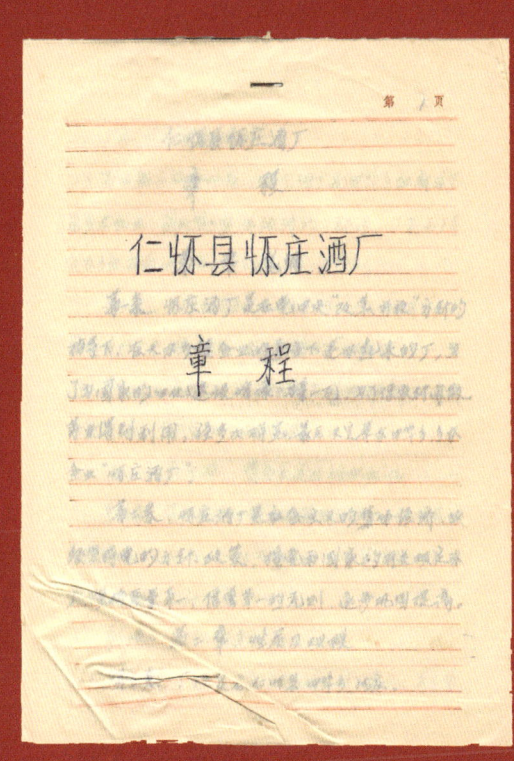

《仁怀县怀庄酒厂章程》

普通信笺纸上手写的怀庄酒厂章程，泛黄的纸页是怀庄历史的见证。

"私营经济是社会主义公有制经济的补充"

随着经济体制改革和对民营经济认识的深入，国家在政策上不断给民营企业松绑，激发和释放民营经济活力。

1987年中央五号文件《把农村改革引向深入》指出：在社会主义初级阶段和一个较长时期内，个体经济和少量私人企业的存在是不可避免的。对雇工规模超过8人的私人企业，采取"允许存在、加强管理、兴利抑弊、逐步引导"的方针。共产党员要带头兴办集体企业，积极带领群众走共同富裕的道路。文件还指出，对待个体经济和私人企业的方针，原则上也适用于城镇。

1987年10月25日至11月1日，中国共产党第十三次全国代表大会在北京召开。党的十三大报告提出，"在公有制为主体的前提下继续发展多种所有制经济"，明确指出其他经济成份发展得还很不够，要继续鼓励城乡合作经济、个体经济和私营经济的发展。私营经济一定程度的发展，有利于促进生产、活跃市场、扩大就业，更好地满足人民多方面的生活需求，是公有制经济必要的和有益的补充。必须尽快制定有关私营经济的政策和法律，保护私营经济的合法利益，加强引导、监督和管理。

1988年4月12日，第七届全国人民代表大会第一次会议通过宪法修正案，明确提出："国家允许私营经济在法律规定的范围内存在和发展。私营经济是社会主义公有制经济的补充。国家保护私营经济的合法的权利和利益，对私营经济实行引导、监督和管理。"民营企业发展和保护，写入了国家根本大法。6月25日，国务院第4号令发布《中华人民共和国私营企业暂行条例》，对私营企业的性质种类、开办关闭、权利义务、劳动管理、财务税收、监督处罚等进行了详尽规定，为私营企业健康发展和合法权益保护提供了政策保障。

证书编号黔QXK03—326—91

改革开放以来，酿酒企业逐渐增多，贵州不断加强酒类生产经营的监督管理。

1988年2月15日，《贵州省酒类生产、经营管理的若干规定》正式施行，由轻工业和商业行政主管部门，分别归口加强全省酒类生产和经营管理。酒类生产环节，依据国务院《工业产品许可证试行条例》相关规定，实行生产许可证制度。由省轻纺工业厅负责审核、发证，各地、州、市经委和企业主管部门协助。

获颁酒类生产许可证须具备如下条件：持有企业主管部门的批准文件；产品（含新产品）必须有批准发布的标准，产品质量必须达到现行国家标准、专业标准或企业标准；生产企业必须达到产品质量保证体系所规定的各项要求。

对酒类生产企业和个体经营者进行整顿，按规定审查合格者办理酒类生产许可证及其他证、照手续。不合格者发放临时许可证，限期一年内达标。到期未达标者坚决停止生产，由工商行政管理机关吊销营业执照。

到1989年，怀庄有员工25名，其中技术人员8名。怀庄生产的500mL玻璃瓶装怀庄酒，此时年产10吨，取得较好经济效益。1990年产量达50吨，完全符合《贵州省酒类生产、经营管理的若干规定》关于酒类生产许可证的相关要求。

1990年7月25日，怀庄填写《贵州省酒类产品生产许可证申请书》，经仁

怀县乡镇企业管理局等部门推荐上报，贵州省轻纺工业厅审查通过，在1991年2月获颁酒类生产许可证，证书编号黔QXK03—326—91。

据此，怀庄凭酒类生产许可证在卫生、工商行政管理、税务机关分别办理新的卫生许可证、营业执照、税务登记证，坚决按照"五不"原则（即不购销来路不明的酒类，不掺杂使假，不购销仿、冒、侵权的酒类商品，不自行定价和抬高价格，不短斤少两），开展经营活动，怀庄酒得到市场认可。

怀庄酒类产品生产许可证申请书

依据酒类生产经营管理相关规定，怀庄填具申请书并获批酒类产品生产许可证，迈出规范发展重要的一步。

第一章　历史怀庄

迈进茅台镇

德庄是怀庄的精神和文化"元典"。迈进茅台镇，则是怀庄大踏步向前的"关键一招"。

茅台镇河滨街316号

1990年，对怀庄来讲是极不平常的一年。随着怀庄业务的扩大和来访客商的增多，德庄厂房区位局限不断凸显。

怀庄虽购买有机帆船运送物资和接送客商，但交通上的不便极为明显。同时，古镇茅台上，在茅台酒厂的带动和引领下，逐步聚集了一批优秀的白酒企业，"茅台镇"在全国白酒行业的影响力不断扩大。两位创始人时刻都在思考，怀庄若要进一步发展壮大，将厂址搬迁至茅台镇上是必然的选择。

1990年12月27日，陈果、陈绍松出资收购昆明军区酒厂。该厂位于茅台酒厂二车间河对门，为砖木结构，有窖池46个。该厂怀庄经营至1992年6月30日。

1992年1月18日，陈果、陈绍松出资购买了王德和的酒厂。该酒厂位于茅台胜利大桥下的茅台镇河滨街316号，收购时有窖池12个。怀庄在原厂房加盖两楼，另征地新建一栋两层楼的厂房。1998年1月16日，在厂房附近动工修建公司总部大楼，占地面积2600多平方米，建筑面积6200多平方米。

赤水河畔的怀庄第一代厂房

该厂房修建于1983年,是怀庄走向广阔世界的起点。黑白照片上,赤水河和机帆船停靠的码头清晰可见。

经过数次收购搬迁和改扩建,怀庄在茅台镇站稳了脚跟。2023年夏天,在对陈果董事长进行专题访谈时,这位年逾七旬的老人脸上,仍然洋溢着自豪。德庄老厂房有10个窖池,加上已收购的窖池,合计68个窖池。身处三十多年后的我们,可以想象到全部投产时的繁忙景象。

第一章 历史怀庄

茅台镇河滨街的怀庄第二代厂房

怀庄迈进茅台镇后的新一代厂房，其旧址现已建造茅台国际大酒店。

"初步建立起社会主义市场经济体制"

在怀庄昂首迈进茅台镇，规模不断扩大的同时，中国白酒行业的发展却面临着极大的危机。

1992年，邓小平南方谈话指出，改革开放的判断标准，主要看是否有利于发展社会主义社会的生产力，是否有利于增强社会主义国家的综合国力，是否有利于提高人民的生活水平。邓小平提出的"三个有利于"，为中国社会主义市场经济发展奠定了理论基础，指明了方向。党的十四大报告指出，我国经

济体制改革的目标是建立社会主义市场经济体制。

1993年，十四届三中全会通过了《中共中央关于建立社会主义市场经济体制若干问题的决定》，规定了中国社会主义市场经济体制建立的原则方向和目标任务，到20世纪末"初步建立起社会主义市场经济体制"。随着有中国特色的社会主义市场经济体制的建立、发展和不断完善，市场在经济发展中的地位和作用得到进一步彰显。

从1992年开始，全国固定资产投资增速过快，CPI一路攀升，盲目投资导致产能过剩。1996年经济"软着陆"后，又陷入通货紧缩困境。加上亚洲金融危机爆发，宏观经济政策调整对酒业发展产生了重大影响。

随着白酒行业产量的扩大，整体产能急遽过剩，市场竞争压力加大，全行业普遍出现了在市场经济和宏观调控之间生存艰难的境地。

在宏观调控过程中，国家实行稳健的货币政策，减少放贷。推行税制改革，1993年开始施行《消费税暂行条例》，粮食白酒税率为25%，薯类白酒15%。2001年，每500g或500mL白酒加征0.5元的从量税。破产、兼并重组成为白酒行业优化发展的重要手段，经营变得越来越困难，所面临的发展环境越来越复杂。习酒、安酒等名满大江南北的白酒行业排头兵，都不得不接受新的考验。

穿越行业震荡期的怀庄法宝

怀庄是如何度过这一阶段行业震荡的？面对这一问题，在访谈中企业创始人和掌舵者没有给出现成的答案。在我们看来，民营企业灵活的经营方式，是怀庄度过这一段艰难岁月的法宝。

首先是善用联营的方式。1986年3月26日，国务院发布《关于进一步推动横向经济联合若干问题的规定》，鼓励企业坚持"扬长避短、形式多样、互利互惠、共同发展"的原则，不受地区、部门、行业界限和所有制的限制，广泛开展多种形式的横向经济联合。通过开展横向联合，充分发挥企业生产技术骨干作用和产品优势，在国家未扩大投资的前提下，实现名优产品产量和经济社会效益的大幅提升。

1987年3月22日到26日，国家经贸委、轻工业部、商业部、农牧渔业部在贵阳联合召开"全国酿酒工业增产节约工作会议"。在这次会议上，确定了中国酿酒工业发展的基本方向，即"高度酒向低度酒转变，蒸馏酒向酿造酒转变，粮食酒向果类酒转变，普通酒向优质酒转变"。会议决定，进一步加强企业与企业、企业与大专院校、科研单位的协作，大力开展横向经济联合。提倡以名优酒为龙头，成立质量标准、检验、贮存、调配、商标管理"五统一"的名优酒企业集团，以达成责任共负、利益共享、扩大名酒产量质量的目标。

怀庄运用身处茅台镇的地域优势和生产优势，与众多企业开展联合生产经营，取得突出成绩。如与湖北省京山县第二酿酒厂的《联营生产协议》，为我们展现了联营的一些细节。

《联营生产协议》

根据国家有关改革政策精神，疏通横向经济联营与技术合作，充分发挥各自的有利优势，兹由贵州省仁怀县茅台怀庄窖酒厂与湖北省京山县第二酿酒厂商妥，签订联营生产协议，报请有关部门鉴证。贵州省仁怀县茅台怀庄窖酒厂称甲方，湖北省京山县第二酿酒厂称乙方，以下简称甲、乙双方。双方在互惠互利的条件下，经多次考察论证，协商联营生产运行。乙方作为甲方的联营分厂，使用甲方"怀庄"牌注册商标生产"怀庄"牌曲酒，达成如下协议：

一、甲方按商标使用许可合同的规定，同意乙方使用"怀庄"牌注册商标，联营生产"怀庄"牌曲酒，商标由甲方印制供给乙方。乙方不得印制商标或转让商标。

二、甲方提供基础酒给乙方勾兑用（比例按50%），甲方派酒师到乙方指导生产，对乙方的产品质量进行抽样检查和技术监督，乙方负责酒师工资每人每月300元，福利待遇、奖金与乙方职工同等享受。甲方酒师每一年一次探亲假，差旅费由乙方负担，酒师在乙方工作期间的食宿、财产安全、公伤、死亡由乙方全部负担。

三、甲方提供1吨基酒，并同时提供2吨瓶酒的商标及包装物给乙方，甲方提供的基酒，价格按照市场同行业价，质量必须达到国家标准，现场提货。

四、联营生产的"怀庄"牌曲酒，甲、乙双方共同销售，乙方销售价格与甲方的销售价格原则上同价上下可浮动10%。

五、在联营期间，如甲、乙双方企业更名，联营生产协议继续有效（国家政策性变化、自然灾害除外）。

六、联营生产暂定三年，即：一九九四年十月十九日至一九九七年十月十九日止。

本协议一式四份，各执一份备查，自签字盖章之日起生效。

第一章　历史怀庄

怀庄通过授权京山县第二酿酒厂使用"怀庄"商标，提供基酒和包装物，派遣酒师开展技术指导，约定价格优惠等措施，进一步扩大了市场影响。

除了京山县第二酿酒厂外，怀庄还与贵州工商实业公司、贵州省仁怀县茅台赖台酒厂等实施联营，或利用对方销售渠道布局营销网点，或利用对方设施设备优势提供生产便利，实现了联营下的互利共赢。

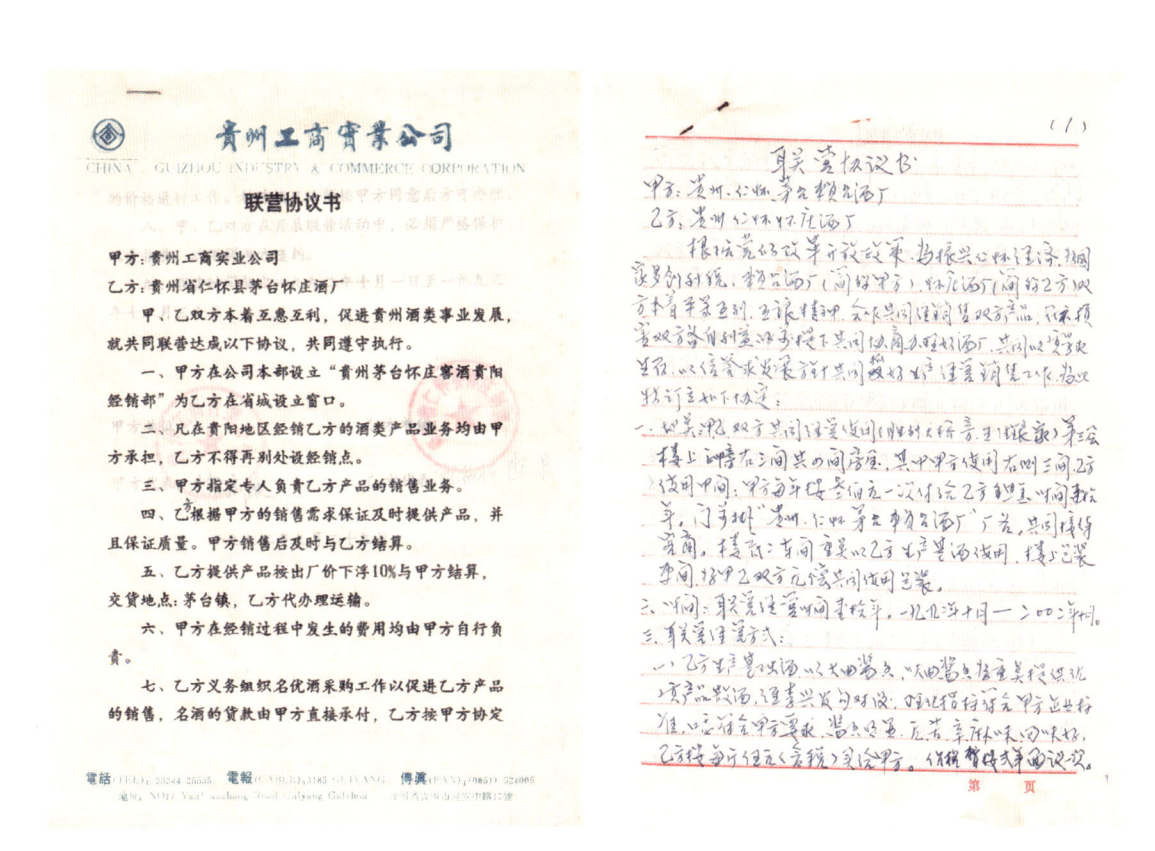

怀庄联营协议

通过联营充分发挥合作双方优势，迅速满足多元化的市场需求。

其次是为其他白酒企业提供基酒。一份签订于1992年的《工矿产品购销合同》显示，怀庄酒厂为贵州珍酒厂提供50吨怀庄窖酒（大曲酱香，散酒），每吨单价为11200元，总计56万元。规定供货的怀庄窖酒为54度，不足或高于54度的按54度折算。理化和卫生指标，需符合大曲酱香珍酒的相关标准。贵州珍酒厂在茅台镇上的怀庄酒厂库房提货装车，以酒罐运输，运费自付，途中损失自理。除了当时的贵州珍酒外，怀庄还为其他白酒企业提供基酒。此举既为其他白酒企业满足市场需求提供了便利，又为怀庄产品找到了销路。

当然，支撑怀庄度过90年代行业震荡的，当在于怀庄对市场经济的主动拥抱。怀庄创立伊始，两位创始人间形成了陈果主外、陈绍松主内的默契。陈果常年在外，带着怀庄产品参加展销会、糖酒会、交易会，足迹遍布大半个中国。陈绍松则驻扎厂内，负责酒厂日常经营管理。1988年12月，怀庄荣获贵州省乡镇企业局质量"金凤杯"奖。1996年，怀庄酒荣获"96中国名优食品博览会金奖"。获颁系列奖项，既是对怀庄发展的充分肯定，又为怀庄进一步发展提供了强力支撑。

怀庄的诚信做酒和稳步发展，积累下良好的口碑，吸引全国各地客商主动来电来访，拓展了业务范围。1994年4月，国营湖南新邵县海联副食品公司来信称，从有关资料上得知怀庄生产的瓶装酒，是他们所能经营的产品，需求量较大，希望怀庄提供相应资料，以便安排进货。也欢迎怀庄派员考察，洽谈长期业务合作。据此，怀庄去信，提供产品品质、单价和供货情况相关资料。

5月10日，海联公司再次来信，邀请怀庄派人赴新邵做客，面谈业务合作。在信中明确表示："贵厂的产品，我司决定进货，并且也决意将你厂的产品作为主要产品推广。同时，希望贵厂产品在我地能打开市场。有关单价问题，第一次合作一切都由你厂决定。"并言，"如贵厂愿合作，请速来人带样品和有关产品资料，我们恭候光临！"

信封：

```
5 6 4 5 0 2
```

贵州仁怀县 怀庄窖酒厂
　　陈果　〈收〉

福建泉州华侨区金星大酒店

邮政编码 362000

信件内容：

陈哥　您好：

近来你的工作繁忙万事顺利一切安康吧

来信告知关于我于11月10号前会来到厦门和泉州等地联系几个地方需用的酒在25—28度这个度数，用这个春节在你和陈绍松厂长共同商议是否能来泉州厦门晋江等地设个护各来共泉州市成立办事处，这里经济贸易发达，我在春节前再回来，共同商议。

最后祝你们春节快乐，

刘晓

烟袋弦州94.12.13

福建金星大酒店写给陈果、陈绍松的信

来自祖国各地的业务联系信函，是怀庄市场影响不断扩大的历史见证。

一封来自河北省永清县糖酒公司的信件，充分说明了怀庄的社会影响力在不断扩大。信中写道："转眼就要到九六年春节了，我单位正在组织春节货源，特别是各种酒类。今年准备多投入些资金，搞活市场。从报上得知贵厂产品，但尚无业务。"随信附上单位地址和联系电话，请求怀庄尽速联系，以便建立合作关系。信件落款时间为1995年11月30日，查1996年春节为2月19日。永清县糖酒公司提前数月主动联系怀庄，不可谓不重视。

正是得益于改革开放的深入推进和中国特色社会主义市场经济体制的建立，怀庄从中华乡德庄搬到了茅台镇街上，实现了规模的扩张和效益的提升。怀庄发挥民营企业灵活的经营优势，采用联营生产扬长避短，为其他白酒企业供应基酒，主动拥抱市场经济不断拓展市场，积累下了良好的口碑和客户资源，顺利度过了20世纪末白酒行业的剧烈震荡期，迎来了新的发展阶段。

第一章 历史怀庄

茅台有条怀庄路

进入21世纪,怀庄的发展迈进新阶段,越来越与仁怀区域的发展连为一体。

"有一定的规模,市场开拓能力也较强"

1995年,仁怀撤县建市。新成立的仁怀市委、市政府领导班子认识到,非公有制经济是仁怀最活跃、最有潜力的经济成分,必须坚持思想再解放、步伐再加快,促进非公有制经济大发展。在政策执行过程中,对包含民营白酒企业在内的非公有制经济要做到"宽松、宽厚、宽容"。

当地政府指出,宽松,就是要创造一种优良的政策环境和发展环境,政策倾斜,措施有力,服务到位,不歧视、不排斥、不卡要。凡是阻碍非公有制经济发展的条条框框,一律废止。宽厚,就是要真正做到放心、放手、放胆,真正做到一视同仁,平等竞争,共同发展。对非公有制经济发展中不规范和不完善的地方,要积极指导和引导,并主动帮助解决。宽容,就是不要求全责备,不要一棍子打死人。对非公有制经济发展中出现的困难和问题,要分清是非,因势利导。不能像要求共产党员领导干部那样,去要求非公有制经济人士。出现了问题不要紧,要宽以待人,通过帮助、教育,使非公有制经济不断

自我完善。

2000年，仁怀市委、市政府提出"培植特色产业、发展特色经济、建设特色城市"的发展思路，围绕高粱种植、白酒产业发展和"中国酒都"申报打造开展相关工作，取得突出成效。此时，仁怀虽然尚未提出"产业集群"这样的概念。但从后见之明来看，已经在实践行动中展开了白酒产业集群打造工作。产业集群具有区域集中性、主导产业特色优势明确、区域产品具有关联性、相关产业配套完善等特点，有利于形成专业化分工与协作、降低区域内交易成本、增强企业竞争能力、促成区域品牌形成、实现资源共享，是区域经济发展的战略选择。

2002年，仁怀市人民政府发布《关于整顿规范白酒行业生产经营秩序的公告》，宣布自5月20日开始，对在仁怀登记注册及在域内进行白酒生产经营的企业和个体工商户进行规范整顿。加强对白酒企业生产经营行为的宏观调控力度，促进白酒产业结构调整和优化升级。对全市白酒企业进行全面调查摸底，限期对违法违规行为和扰乱市场秩序的行为进行整改。强化生产、仓储、运输等环节的监控，推进名牌战略，维护茅台镇地域品牌良好声誉。

经过十个月的整顿工作，仁怀市从已注册的酒类生产企业中，确定50余家为具备生产条件的企业，将名单通过媒体向业界和商家公布，作为地方政府重点扶持的对象。毫无悬念，怀庄名列其中。在面对《中国酒》杂志记者的采访时，仁怀市政府领导将怀庄作为本土企业的典型代表，做了如下的点评："怀庄、茅合、远明等企业有一定的规模，市场开拓能力也较强"，很有发展潜力。

实际上，进入21世纪后的怀庄，早已迈入了崭新的发展阶段。新的发展环境和地方政府对民营企业的新认识，给怀庄发展带来了极好的机遇。怀庄"以质量求生存、以信誉求发展"的坚守及与合作企业的良好关系，得到地方政府的多次表扬。

在仁怀市政府对待非公有制经济"宽松、宽厚、宽容"六字方针的指引下，在仁怀白酒产业发展不断规范的过程中，怀庄在规模扩张、内部管理、市场拓展等方面发力，成为地方民营白酒企业的标杆和翘楚。

茅台镇怀庄路9号

2002年2月10日，贵州省人民政府下发《关于仁怀市茅台镇怀庄酒业有限公司修建厂房及配套设施使用土地的批复》（黔府函〔2002〕82号），批准怀庄用地申请。4月22日，怀庄在茅台镇观音寺村大山堡村民组动工修建新厂房。

如众所知，位于赤水河畔的茅台镇，地处河谷地带，地市低洼，平整土地极少。用寸土寸金来形容，丝毫也不为过。经1915广场往上游德庄方向的15.03平方公里地域，是贵州茅台酒的原产地域保护区域。在茅台镇其他地域，聚集了众多酒企。

为优化区域发展布局，茅台镇这些年陆续将部分酒企和居民搬迁。德庄在迈进茅台镇后，厂址亦因区域发展需要，几经变迁。至茅台生产基地建成，怀庄在茅台镇上的厂区，也逐渐汇聚于此。

贵州省人民政府

黔府函〔2002〕82号

省人民政府关于仁怀市茅台怀庄酒业有限公司修建厂房及配套设施使用土地的批复

遵义市人民政府：

你市《关于仁怀市茅台怀庄酒业有限公司修建厂房及配套设施征用土地的请示》（遵府征〔2002〕01号）及附件收悉。经省国土资源厅审核，省人民政府同意所报的农用地转用方案、补充耕地方案、征用土地方案、供地方案，批准将仁怀市茅台镇观音寺村的集体农用地0.1605公顷（水田）转为建设用地，同时批准征为国有，出让给仁怀市茅台怀庄酒业有限公司作为修建厂房及配套设施建设用地。由仁怀市国土资源局代表仁怀市人民政府按照所报批的上述4个方案组织实施。

请督促有关单位严格按照土地管理的规定，认真做好土地使用的各项工作。

附件：遵义市人民政府关于仁怀市茅台怀庄酒业有限公司修建厂房及配套设施征用土地的请示（遵府征〔2002〕01号）及其附件

二〇〇二年二月十日

贵州省人民政府关于怀庄用地的批复文件

进入新世纪，第二代厂房已不能满足怀庄发展需要，批复用地为今怀庄茅台生产基地。

第一章　历史怀庄

　　2003年4月13日，经仁怀市人民政府、仁怀市民政局批复同意，将茅台镇上王开泰门前至观音寺大桥路段，命名为"怀庄路"。

茅台镇上的怀庄路路牌

矗立在街道边的"怀庄路"路牌，留下茅台发展进程中的怀庄印记。

　　至此，"怀庄"不只是一个白酒企业的牌号，还成为茅台镇四渡赤水纪念塔下一条道路的名称，在茅台历史发展上留下了深深的怀庄印记。正如文化学者冯骥才所说：地名是一个地域文化的载体，一种特定文化的象征，一种牵动乡土情怀的称谓。如果你崇敬这地方的文化，这地名就是一种尊称；如果你对这地方有情感，这地名就是一种深挚的爱称。"怀庄路"的命名，是对怀庄20年艰苦创业的致敬，是对民营白酒企业标杆的认可，是对怀庄品牌的深深

爱戴，展现了改革开放以来茅台镇白酒产业发展的新成果。

同年9月17日，怀庄新厂房投入使用，即今茅台镇怀庄路9号厂址。主厂区占地7574.2平方米，建筑面积14049.91平方米。包装车间安置机械化灌装流水线一条，酒库车间可容纳千斤坛2400多个。怀庄成为仁怀首屈一指的民营企业。

怀庄茅台生产基地远眺

位于茅台镇怀庄路9号的茅台生产基地，是茅台镇传统优势产区的核心区域。

第一章　历史怀庄

据建厂之初通过的《仁怀县怀庄酒厂章程》，酒厂产生的利润主要用于扩大再生产，这也是怀庄发展壮大最重要的资金来源。投产第一年，怀庄产值达6万元，除了必要开支外，用于继续生产和扩大再生产。正是通过这种简单的资本原始积累方式，怀庄在政策许可范围内不断扩大规模。

回望建厂的1983年，怀庄仅有窖池10个，工人8名。当然，并非怀庄不愿意多招，或产品销售有困难，而是政策障碍尚未完全破除。直到1987年中央五号文件《把农村改革引向深入》，去掉了对个体经济雇工数量的限制。包括怀庄在内的民营企业，才在用工规模扩张上有了政策支撑。

在怀庄规模扩张的同时，内部管理制度也逐渐完善。1983年怀庄初创时，由陈绍松出任厂长，全面负责生产、安全、质量、卫生等工作。陈绍松厂长坚持在生产第一线，副厂长邵长洪、廖华带班跟班，与工人共同生产生活。陈启龙虽是厂长的儿子，进入酒厂也签订了正式用工合同，受酒厂制度的约束，在生产一线当工人。除生产管理外，针对质量管理、财务管理、成品与半成品管理、安全管理，怀庄也建立了相应的制度规范。

一份落款时间为1989年5月20日的文件，给我们展示了怀庄早年在全面质量管理上所做的努力。

《怀庄酒厂全面质量关键工序管理点制度》

为了企业生存，有效地发展生产，全面提高产品质量，降低成本，减少消耗，经厂委会讨论决定，对制曲、酿酒、包装等各关键工序定出如下管理制度：

一、我厂是一个小厂，生产工序能分，但人员大部分不能专

职。因此，全厂职工都必须熟练掌握从制曲、制酒、包装等各工序的生产工艺及规程，进厂后半年内，如不能全面操作者，厂予以解用。

二、所有关键工序的质量和管理，厂长必须亲自负责指导、检查、监督，车间主任、酒师、班长、质检员必须亲自把好质量关，要有布置、有行动、有检查、有奖惩，全厂行动，班班扣紧。

三、按厂所定各工序生产、技术、质量管理制度，对好的单位或个人，分别给以精神或物资奖励。

四、各项关键工序管理点。

1. 制曲。重点工序是粉碎、拌料、加水、踩曲、装仓、发酵温度、翻曲等六个关键工序，对每个工序必须有专人负责，要严格记录，发现问题及时汇报，及时处理。要求出仓时黄曲在50%以上，达不到的扣工资20%，超出的每提高10%，奖工资的5%。

2. 酿酒。按生产班实行五定一奖的制度进行生产。关键工序是：①上甑。要做到轻、匀、准、快、稳，不压气，不跑气。②收堆温度要适当，拌曲要均匀，水分要适宜，班长、酒师必须把好关键工序。③保好窖，封窖泥必须到2寸～3寸为宜，不可太少。在窖期，必须保证窖泥不例[裂]缝。

3. 包装。首先应该注意瓶内、外的清洁卫生，所有包装标记必须齐全。商标贴正，做到瓶无渗漏、箱无缺瓶、标志齐全。检查员盖章验收后，有合格证才能出厂。

五、全面质量管理必须重点抓与全面抓相结合，关键工序领导亲自抓，保证产品高质量出厂。

第一章　历史怀庄

初创时期，怀庄便已经认识到了质量对企业生存和发展的重要作用。虽然规模尚小，难以从人员上分解工序，但还是建立了相应的制度规范。质朴的语言，向我们展示了数十年前怀庄的内部管理和质量管理状况。2003年，怀庄成立5S管理领导小组，按照5S管理要求对公司库房进行清理整顿。2004年，怀庄通过ISO9001—2000国际质量管理体系认证。

贵州怀庄酒业（集团）有限责任公司

建厂之初，怀庄的全称是"仁怀县中华乡怀庄制酒厂"，1992年更名为"贵州省仁怀县茅台镇怀庄窖酒厂"。怀庄不再是中华乡名义上的乡办企业，取得了独立的法律身份。1994年，怀庄获仁怀县委、县政府"先进私营企业"表彰，并更名为贵州省仁怀市茅台镇怀庄酒业有限公司，以适应仁怀"撤县建市"新发展阶段和不断完善的社会主义市场经济。

2006年12月7日，为适应新的发展形势，组建贵州怀庄酒业（集团）有限责任公司，注册资金5088万元。下属贵州怀庄酒业（集团）贸易有限公司、贵州怀庄酒业（集团）茅台镇茅宴酒业有限公司、贵州怀庄酒业（集团）茅台镇地坛酒厂、贵州怀庄酒业（集团）茅台镇亮剑酒业有限公司、贵州怀庄酒业（集团）茅台镇台粮酒业有限公司、贵州怀庄酒业（集团）茅台酒真酿轩酒业有限公司。

根据《中华人民共和国公司法》有关规定和企业发展需求，怀庄内部机构设置日益完善。设立公司行政办公室，负责集团公司层面的行政事务。设立公司后勤部，主要管理公司食堂、员工宿舍和环境卫生。设集团公司总部厂

部,负责管理总部厂部的酿酒生产。还设立环保消防部、安全办公室、仓储管理科,加强消防、安全和仓储管理。

在市场推广上,怀庄历来注重品牌打造,主营的怀庄窖酒远近闻名。随着市场经济的深入发展,怀庄在基酒销售的同时开展个性化定制。1998年,陈果在出差过程中,受到茶叶包装盒的启发,开发了一款用进口塑料板制作的礼品盒,内装两瓶酒和一个潮汕小香炉。光盒子的造价就达50元一套,成品在贵阳机场专柜中标价700多元。1万套礼品酒,短时间内就销售完毕,大获成功。

陈果回忆,在"当年年底,仁怀民营企业就开始搞了。第二年上半年,技开公司、贵州醇这些就开始搞了,四川就开始搞了。等于我是第一个干这个事,确实整成功了。我那个不是木漆盒,是进口塑料板来做的盒子,看起来很小巧、很高雅。"

怀庄秉承相同价位品质更优、同等品质价格更合适的营销理念,开展诚信营销、和谐营销、文化营销"三大营销",持续得到全国各地消费者的认可。

诚信营销:如钢似铁的质量诚信,一诺千金的推介诚信,童叟无欺的价格诚信,遵纪守法的税收诚信。

和谐营销:回馈社会,促进社会和谐,赢得大众口碑;善待同行,彼此尊重信赖,共创和谐市场;尊重客户,客户贵为上帝,共铸和谐双赢;内部和谐,团队亲如一家,共谋发展大业。

文化营销:诚信为本、和谐为纲、团结自强的企业文化,恪守方圆、依行依规、遵守国法的法制文化,质量似铁、承诺如金、价格公正的诚信文化,君子之谊、朋友之情、互惠互利的双赢文化,秉承古法、精心酿造、不卖新酒的酿造文化,传承文明、融汇国学、独具匠心的国学文化。

到2009年,怀庄根据市场发展需要,建立以市场拓展为导向的事业部制,营销体系建设迈上新的台阶。

第一章　历史怀庄

怀庄"铁三角"

三角形具有稳定性。茅台生产基地、坛厂包装基地、名酒工业园区酿酒基地"铁三角"布局，支撑怀庄稳健发展。

融入仁怀名酒工业园区

根据国家相关规定，1999年9月1日以后注册登记的白酒企业，不予受理生产许可证申请。在国家产业指导目录中，白酒产业长期被列为限制性产业。在严守国家政策规定的前提下，贵州不断优化政策供给，推动白酒产业转型升级发展，为包括怀庄在内的白酒企业发展尽可能创造条件。

2007年12月13日，出台《贵州省人民政府关于促进贵州白酒产业又好又快发展的指导意见》，提出打造"贵州白酒"品牌，全面提升贵州白酒整体竞争力的政策措施。次日，又印发《贵州省人民政府关于促进贵州茅台酒厂集团公司又好又快发展的指导意见》，全力支持茅台集团快速发展。

2009年5月8日，为应对国际金融危机，贯彻落实中央保增长、扩内需、调结构的总体要求，依据国家《轻工业调整和振兴规划》，贵州省人民政府印发《贵州省白酒产业振兴计划》。11月16日，贵州省人民政府办公厅印发了《贵州白酒品牌基地建设方案》，提出打造黔北、黔中、黔南三个地区"贵州

白酒"品牌基地的目标和实施路径。

2010年，为贯彻省委省政府战略部署，按照"一园多点"布局，启动仁怀名酒工业园区建设。按功能划分为酱香型白酒生产区和酒类配套产业区。生产区产业定位为酱香型白酒生产，地处赤水河支流五岔河谷地带，涉及当时的三合、大坝、火石岗、二合、合马等乡镇。配套产业区紧靠遵赤高速坛厂下线口，位于坛厂镇内，产业定位为酒类产品包装、包装物生产、仓储及物流配送。2010年12月，工信部将仁怀确定为"国家新型工业化产业示范基地"，名酒工业园区是该示范基地的重要组成部分。

作为茅台镇的纳税十强企业、回报社会先进企业，仁怀市"十一五"工业十强民营企业，怀庄自然积极投入到园区开发建设中来。2011年4月19日，怀庄位于坛厂配套工业园区的包装仓储项目开工建设。项目占地75亩，总投资1.7亿元，建筑面积46986.05平方米。建有综合办公楼、员工住宿楼各1栋，包装车间2栋，酒库4栋，成品和半成品库3栋。到年底便建成投产，解决就业200多人。

在坛厂基地开工一个月后，也就是5月19日，怀庄位于名酒工业园区的酿酒基地破土动工。该基地占地121.82亩，一期工程建有窖池168个，年产大曲酱香型白酒2000吨。修建标准酱香型白酒酿造生产厂房6栋，共63473.33平方米。另建有曲药房10000平方米，酒库13470平方米，办公区域3000平方米，食堂及餐厅2000平方米，宿舍8000平方米，配电房、锅炉房、浴室、厕所、污水处理设施等一应俱全。

第一章　历史怀庄

怀庄名酒工业园区酿酒基地

位于仁怀名酒工业园区的怀庄酿酒基地，是仁怀市酱香型白酒产业集聚区的核心区域。

2012年1月11日，怀庄组织新招员工参加培训会，标志着坛厂包装基地、名酒工业园区酿酒基地同步建成并投入使用。董事长陈果说："合马我们投入1个多亿，那点就干去1个多亿。因为那里地形很恶劣，坡度太陡，有45度的坡度，还不通公路。从大唐酒业下去这一段路，都是我自己拿钱修的。还有这个环保，当时也没办法处理。我们五家酒厂就约起，修个环保处理池。"

事隔多年之后，当年负责基地扩建项目的党委委员、副总经理、销售支部书记赵海，回忆起当时的情形，还记忆犹新。"那个时候累得不得了。厂里给我安一个建设指挥部的指挥长，坛厂我要跑，合马也要跑。那个时候，我一个人要跑两个地方。"敖世虎说："两个基地一次性投入，买土地到建厂房，那时候厂里的压力还是比较大。"怀庄克服种种困难，创造了当年开工、当年建成投入使用的怀庄速度。

怀庄积极主动融入仁怀名酒工业园区的建设和发展，得益于贵州省委、省政府关于白酒产业发展的战略部署。2011年4月9日及6月29日至30日，省

委、省政府领导两次在仁怀召开白酒产业发展专题会议，要求把茅台酒打造成"世界蒸馏酒第一品牌"、把茅台镇打造成"中国国酒之心"、把仁怀市打造成"中国国酒文化之都"，最终实现"未来十年中国白酒看贵州"的宏伟目标，被总结为"一看三打造"战略。

陈果认为："'一看三打造'对仁怀经济发展，是一个最大的提升。未来十年，中国白酒看贵州。把我们遵义打造为世界酱香酒生产基地，把仁怀打造为世界酱香酒生产基地核心区，也就是这十年提出来的。"正是有了政策的支持，推动怀庄形成了茅台基地、坛厂包装基地、名酒工业园区酿酒基地三大基地的空间布局。茅台基地的老酒库，名酒工业园区新增酿酒产能，坛厂基地包装和办公，形成了相互支撑的战略布局。

怀庄坛厂总部基地

承担包装、仓储和办公职能，怀庄"铁三角"功能区分进一步明确。

第一章 历史怀庄

国家层面的政策支持，给了怀庄以更大的信心。2012年1月，国务院发布《关于进一步促进贵州经济社会又好又快发展的若干意见》（国发〔2012〕2号），提出"利用赤水河流域资源和技术优势，适度发展名优白酒，确保产品质量，维护品牌声誉，推动建设全国重要的白酒生产基地"。该文件要旨是依托赤水河流域的资源和技术优势，从产品质量和品牌声誉两个维度促进"名优白酒"适度发展，以达成"建设全国重要的白酒生产基地"总目标。受限于当时白酒产业政策，文件只提及适度发展名优白酒。但对贵州白酒产业发展而言，则是在国家层面给予了一定程度的支持，并明确提出了"建设全国重要的白酒生产基地"这一远景目标。

不被定义的"怀庄模式"

从2012年开始，经历"黄金十年"的发展期后，我国白酒行业步入了深度调整期。中央不断深化改革，限制"三公消费"，严格查处违反中央"八项规定"精神相关问题。酒鬼酒引爆的塑化剂事件，给白酒行业蒙上了一层阴影。在快速发展期积累下的问题和矛盾，加快了白酒行业的分化和重组。而在这一时期，怀庄依靠长期积累下的市场资源和发展韧性，穿越行业周期，取得快速发展。

时任贵州省中小企业局局长、省酿酒工业协会副理事长龙超亚，在《当代贵州》撰文指出：贵州酿酒业"形成了以国酒茅台为龙头，习酒、董酒、青酒、贵州醇、金沙窖酒等贵州名酒为主体的传统名优品牌与酒中酒、小糊涂仙、怀庄酒、国台酒等新兴品牌共同发展的品牌群体"。对怀庄品牌发展，给予了符合实际的评价。

怀庄 40 年
一个酱酒品牌的发展史

怀庄 30 周年庆典

30 周年庆典,是怀庄迈上新征程的一个新起点。

《当代贵州》是贵州省委主管,面向全国公开发行的党刊。其所刊文章对怀庄等品牌的肯定,具有重要的意义。《贵州白酒集体突围》一文认为,以习酒等为代表的"贵州十大名酒",以镇酒、钓鱼台、怀庄酒等"贵州十大名酒提名奖"为代表的企业发展迅猛。知名记者付松也曾写道:怀庄酒等品牌实力不断增强,一批成长性较好的中小企业蓬勃发展,共同构成了贵州白酒产业"浓酱并举、兼顾其他"的发展格局。付松在《贵州白酒为何如此自信》一文中还指出,怀庄等企业"成为贵州白酒产业发展的重要力量"。

在追寻怀庄何以能够成功穿越行业周期,并在调整期快速发展时,体制的灵活、领导者的个性和如家一般的温暖,是经常被提及的关键词。公司党委

第一章 历史怀庄

委员、销售副总经理熊顺楷说："怀庄40年的成功有很多亮点，可以说是怀庄现象、怀庄奇迹。"确实高度概括出了怀庄发展的神髓。

酒文化研究者周山荣认为："某种意义上讲，怀庄把自己平台化了。所谓商业模式，就是利益相关者的交易结构。在怀庄模式中，客户、员工、股东、供应商，都因此而获益。实践证明这是行之有效的。""怀庄发展模式，是历史原因形成的，是顺应发展造就的。它的创业基因、股权结构是底色，陈果老爷子、陈绍松老厂长、陈启龙总经理的个性、文化底蕴是支撑。"在周山荣看来，怀庄的成功在于顺应白酒市场发展趋势而形成的独特模式，更在于隐藏在40年发展历程中的创业基因和文化底蕴。

怀庄党委副书记、副总经理、工会主席田云昌言道："我们的体制相对比较灵活，两个当家人胸怀很大，下面很多的销售经理、销售副总、销售人员找了钱，开了漂亮车子。我们的两个老总，下面的人混得比他好，住的房子、开的车比他漂亮，他觉得很安逸，觉得是我陈果、陈启龙的功绩。"田云昌的叙述，呼应了周山荣的说法。

在访谈中，有多位受访者表示，有销售老总的收入，超过了董事长、总经理。但董事长、总经理觉得，这是怀庄的荣耀，是怀庄所能给予大家的最好回馈。怀庄领导者所具有的胸襟和个性，非一般人所能及。怀庄酒业集团销售副总王玉琳说："企业老总的格局是不一样的。你谈业务挣了好多钱，老总绝对没有什么想法的，你挣的钱越多他越高兴。"

2007年进入公司的质检中心主任王运秋说："怀庄这个大家庭是很好的大家庭，每个人都很努力。"20多年前从桐梓县到怀庄工作，最后定居仁怀的库房管理员令狐容讲道："怀庄对我们来说，都是把它当成自己的家，以厂为家。孩子才上幼儿园，我们就过来的，一直都在厂里面。怀庄两位老板，各位同事，都很帮助我们外地人。"

曾负责怀庄办公室工作，后加入茅台集团的胡建华[①]言道："我们进厂后对厂里的感情这么深，与王阿姨的慈祥分不开。端午节一定是在董事长家里，王阿姨会把粽子、饭做好。在这种特殊的时间点，我们作为单身汉，能够感受到来自董事长家属的关心。因为她身份的特殊性，你去了感觉不到距离，就像是家里的长辈在关心你。只是嘘寒问暖，从来不问你工作上的事。她一直对这帮人这么好。"

让大家感受到家的温暖，营造大家庭的和谐氛围，形成了强大的内部凝聚力，造就了一批得到大家认可的"怀庄人"。贵州弘成实业有限公司总经理付成强说："到茅台镇更深层接触了怀庄后，发现怀庄的性价比是非常不错的。在同价位，酒质优于其他酒厂。选择合作的第一个基础，就是有货真价实的酒。第二个，我觉得他们的老酒、基酒，储备是足够的。我们选择怀庄，一方面看中了怀庄的东西，另一方面看中了怀庄的人。"

对于付成强的说法，贵州向善酒业有限公司的廖益钦表示赞同。廖益钦继续告诉我们：怀庄"正儿八经的酿酒，在民营企业中有一定名气"，怀庄人是"最真诚的"。说一千道一万，人才是根本。也正是因为抓住了"人"这个根本性的因素，怀庄才得以不断的向前发展。

---

① 在怀庄办公室，前后有两位胡建华。早年在怀庄负责办公室工作，后加入茅台的胡建华，大家笑称"大胡"。2018年加入怀庄，现任办公室副主任胡建华，大家笑称"小胡"。在本书中，除点名身份的地方外，"大胡"直呼"胡建华"，小胡称"胡建华主任"。

蓝图已绘就，奋斗正当时

2020年1月1日起施行的《产业结构调整指导目录（2019年本）》，删除了此前延续多年的限制"白酒生产线"相关政策内容。国家政策层面的这一重大变化，对白酒产业的发展产生深远影响。

2022年1月，《国务院关于支持贵州在新时代西部大开发上闯新路的意见》（国发〔2022〕2号）发布，要求贵州"发挥赤水河流域酱香型白酒原产地和主产区优势，建设全国重要的白酒生产基地。"将贵州白酒产业的发展，作为推进传统产业提质升级和构建现代产业体系的重要内容。与国发〔2012〕2号文件相比，新国发2号文件重提"全国重要的白酒生产基地"战略目标，但更加明确和突出了"赤水河流域酱香型白酒原产地和主产区"的定位。

根据《贵州省"十四五"酱香白酒产业集群规划》等文件，将全省酱香型白酒产业发展空间规划为"四区多点"布局，茅台酒产区、茅台镇传统优势产区、仁怀习水集聚区、赤水河流域特色产区和其他白酒产区散点布局。根据资源禀赋和产业发展基础，明确各产区发展定位，推动贵州酱香型白酒产业集聚发展。

茅台镇传统优势产区，其范围为茅台镇除茅台酒产区以外周边约53.03平方公里。怀庄茅台基地，正处于茅台镇传统优势产区的核心区域。

仁怀集聚区包括仁怀名酒工业园、合马镇、美酒河镇约52.38平方公里区域，主要承接茅台镇传统优势产区产业疏导、新增产业发展及关联产业集聚。怀庄名酒工业园区酿酒基地，正位于仁怀集聚区的核心区域。

2023年3月1日，《贵州省赤水河流域酱香型白酒生产环境保护条例》正

式施行。通过区域立法创新，首次从法规层面明确酱香型白酒生产环境内涵和外延，发挥赤水河流域酱香型白酒原产地和主产区优势，建设全国重要的白酒生产基地，推进贵州省酱香型白酒产业高质量发展和赤水河流域生态环境高水平保护，为实现人与自然和谐共生现代化"赤水河方案"提供强力支撑。

位于中国酱香白酒核心产区，已有40年发展历史的怀庄，迎来了全新的发展机遇，迈入了全新的发展阶段。

第二章　美酒怀庄

　　美酒怀庄，怀庄酒美。怀庄这瓶美酒，来自茅台镇天然酿酒环境的馈赠，来自怀庄 40 年如一日的坚守。"水土气气生""12987""三高两长"，是酱香型白酒酿造的共同密码。它们在怀庄的 40 年，演绎了哪些精彩动人的故事，让怀庄成其为"怀庄"呢？

怀庄是一瓶美酒。坚守传统大曲酱香型白酒生产工艺，40年如一日。在追寻茅台镇美酒酿造密码时，水、土壤、气候、气温及酿造微生物群落，给我们提供了解释的框架。"水、土、气、气、生"这五个维度的酿造优势，为茅台镇所有酱香型白酒企业所共享，从而造就了"中国第一酒镇"的美誉，也成就了茅台镇上的茅台、怀庄等白酒品牌。

端午制曲，重阳下沙，历一年寒暑，经万千工匠，方将小麦、高粱、水这三种极为寻常的原料，酿制成滴滴美酒。九次蒸煮，八次发酵，七次取酒，每一个轮次的酒，都富有其独特的风味，经由勾调师的艺术之手，成为可饮之品。怀庄建厂之初，就比照茅台酒工艺，生产大曲酱香型白酒。在发展过程中建立起酒师主导的品控体系，持续为消费者提供高质量产品。时间和微生物，这二者在茅台镇的相遇，酿造出怀庄美酒，并在时间中酝熟，在时间中绽放芬芳。

怀庄40年
一个酱酒品牌的发展史

顺应时令的酿造密码

端午至,小麦熟。重阳至,高粱红。制曲和下沙两个关键工序,在这两个重要的时间节点,依次展开。

东经106°22′,北纬27°51′。四面环山,一水中流。在地球上,像这样的地方绝无仅有:海拔420米至550米,年平均温度16.7℃,夏季最高温度40℃,炎热季节达半年之久。全年无霜期359天,年降雨量800毫米~1000毫米,日照时间可达1400小时。

这儿正是怀庄酒的酿造地,举世公认的中国酱香白酒核心产区,贵州省仁怀市茅台镇。

端午制曲,重阳下沙。年复一年的酿造时光,在茅台小镇,周而复始。

端午至 收来小麦制曲始

端午,万物肆意生长,大雨如期而至。

雨水将附着于红层表层的紫色土冲刷至赤水河,将澄澈的河流染成一片赤红,为当地百姓制曲提供了时间表。

多少年来,这个规律口耳相传,于是就有了流传至今的"端午至,制曲始"。

茅台镇鸟瞰图

缓缓流动的赤水河，是大自然给予茅台镇最好的馈赠。

所谓"曲"，就是粮食制作出来的发酵剂。

随着夏季的到来，赤水河谷空气潮湿、气温升高，环境中微生物的种类和数量增多，变得异常活跃，为曲块的发酵创造了最有利的自然条件。

恰逢此时，黔北地区冬小麦成熟。

为保证曲的质量，怀庄严格筛选出最优质的小麦。看其外观，颗粒必须坚实、饱满、均匀，呈金黄色且无霉变。测其理化指标，对水分、淀粉含量、千粒重等数值进行检测。

好曲更依赖好人工。

在酱香白酒的酿造工序中，制曲居于首位。又细分为8道工序、35个工艺环节。

自称"认不得几个字"的制曲女工刘清梅，逢人都能自信满满地表示："在制曲车间，什么时间该做什么，我都懂、都会。"

刘清梅在怀庄工作已有20余年。时间，让她很好地掌握了驯服这些肉眼

无法看到的微生物的方法。她总结出一套窍门：制作曲胚时，四边四角一定要紧，中间要松，在制作曲包和边缘时，要掌控好力度和方法。这样既能保证曲胚的高度在一定范围内，又保留了些许差异，确保后期发酵过程中微生物的多样性。

一个制曲班组12人，每天要踩4万多斤曲。酱香白酒酿造用的是高温大曲，发酵温度比其他酒所用的大曲更高。因此，制曲车间里虽没有制酒车间那般无处不在的蒸汽，却也一样的闷热难耐。刘清梅和姐妹们劳作时，不一会儿衣服就会湿透。

在怀庄，像刘清梅这样的老员工很多，"大家熟知了流程，也都有了默契，再苦、再累，也要按标准去做"。

精选的优质小麦，踩成龟背形的曲块之后，有10到12斤重。经摊晾"收汗"定型后，将它们放入发酵仓。通过长达40天、60℃以上的高温发酵，有效地对环境中的微生物进行网罗、筛选。不适宜在高温环境中生存的微生物被淘汰，剩下的微生物耐热、耐酸、耐高酒精度，散发出独特的复合香味。

发酵之后的曲块，经过6个月的贮藏，再与本地高粱共同酿造酱香白酒。

踩制成型的曲块

静置的曲块，将完成酿造微生物的自然接种，经时间酝熟后参与到发酵过程中。

第二章　美酒怀庄

九月九　下河挑水煮新酒

"九月九，下河挑水煮新酒，茅草青青赤水流，挑来河水贵如油，煮出美酒冠九州。"

这首千百年来流传于赤水河畔的童谣，歌唱着原始而本真的自然规律，与顺应规律而生的酿造习俗。

由农耕文化不断积累起来的农业文明，是中华文明的骄傲。司马迁在《史记·太史公自序》中总结："夫春生夏长，秋收冬藏，此天道之大经也。"

作为轻工行业的酿酒业，或许是人类由第一产业走向第二产业的最早尝试，它同样带着农业文明的原始痕迹。最好的事情，总需要自然而然地发生在合适的时间里。一切的美好，都刚刚好。

重阳节过后，赤水河由浊转清。赤水河流域的糯红高粱，在重阳节前已经成熟收仓，酱香白酒迎来投粮下沙、取水酿酒的最好季节。

澄清的赤水河

当河水变得澄清，一年一度的酱香型白酒酿造活动便将开始。

怀庄40年
一个酱酒品牌的发展史

这样的景象，怀庄茅台基地原生产厂长敖世虎，有幸见证了30余年。站在赤水河畔，群山如表盘，河水则是表针。

嘀嗒，嘀嗒，是时间的声音，也是弱冠少年们在制酒车间的汗如雨下。

秋天的赤水河谷，依旧炎热。初入车间的敖世虎裸着上身、打着赤脚，怯生生地等待老一辈酿酒师安排工作。酒甑旁，前一天润好的红粮，吸水均匀，颗粒饱满，正静静地等待上甑蒸煮。

那时的敖世虎听到一个新词：沙。

"沙"，便是酱香白酒酿制的主要原料——本地糯高粱。这种糯高粱颗粒小、皮厚、坚实、饱满，支链淀粉含量高，最适宜多轮次蒸煮的工艺特点。

红缨子糯高粱

经过长时间的选育栽培，红缨子糯高粱成为酱香型白酒酿造的最好原料。

第二章　美酒怀庄

仁怀的高粱种植，已有上千年的历史。《仁怀县志》载：清道光二十年（1840），仁怀种植高粱8000余亩，至民国时期种植10100亩，新中国成立初期为31000亩。近年来，随着仁怀市酱香型白酒产业的发展，高粱种植面积和产量逐年增长。仁怀附近的习水、金沙、黔西、播州等地，都成为酿酒高粱种植集中的地区，为酱香型白酒酿造提供最优质的原料。

每逢重阳，制酒工人就会把整年酿酒用的一半高粱，用开水润透。高温蒸煮、摊晾，加入大曲拌匀堆积，然后入池封窖发酵。

待一个月后，又从酒窖里取出发酵过的酒醅，和另一半浸润发胀的新高粱混合在一起。再次蒸煮、摊晾，加入适量的大曲，拌匀堆积，入池封窖发酵，这便是"造沙"。

堆积发酵和入窖发酵

糟醅摊晾、堆积以网罗环境微生物参与酿造过程，再下到条石窖中封闭发酵。二者的结合，是酱香型白酒酿造的独特发酵方式。

时光知道每个细节的答案

在茅台镇，"下沙"与"造沙"工艺，为大大小小的酿酒厂所熟悉。尽管存在细微差异，但大致相同，这是酱香白酒酿造过程中耗时最长、劳动量最大的工作。

敖世虎进入怀庄制酒车间，接触的第一个工艺环节，就是摊晾。

摊晾，是酱香白酒酿造工艺中极为重要的步骤。即将蒸好的糟醅，均匀铺撒在晾堂中。

出甑时，糟醅的温度在100℃左右。敖世虎跟着前辈们，穿梭在升腾的蒸汽之间。用锨和耙，把热气腾腾的酒醅迅速摊开，翻铲成行，等到温度降至30℃左右。这时，非常适合微生物生存代谢。再泼洒曲粉，搅拌和匀，收拢成一座一座的小丘。

酿酒工人的劳动强度极大，却又不是纯粹的体力工作者。

譬如摊晾的时间和面积，就很有讲究，每一锨都有标准的高度和力度。而这个标准，只可意会不可言传，需酿酒工人在日复一日的劳作中细细摸索。此外，他们还要及时检查酒醅的温度。温度过高，要撒开。温度过低，要收拢。

酒醅温度，靠手触摸。

这是对酿酒师手心合一的考验。毫厘的差距，会让酒的口感差之千里。时光知道每个细节的答案。

怀庄车间里缓缓的流淌时光，沉淀了酒香的同时，也褪去了敖世虎当年的青涩与稚嫩。如今，他将手插进糟醅堆子试探温度，抓起一把酒醅观察颜色、闻嗅香味、揉捏听声。一番"望闻嗅捏"下来,酒醅堆积发酵的水分情况、糊化程度和蕴含香味,都了然于心。

"把细节和基础夯实了,才能为一年的生产开好头、起好步。"老一辈酿酒师叮嘱敖世虎的话,他又不厌其烦地说给后辈听。

赤水河沿岸的茅台小镇,酒企众多。怀庄和众多酿酒企业一样,顺应着天时,按照古法酿造一瓶好酒。只是,它更加精益求精、更加看重质量,因此得以脱颖而出。

七个轮次酒的奇妙组合

经九次蒸煮、八次发酵、七次取酒，酒醅完成其使命，酿制出轮次酒。每一个轮次的酒，都有属于自己的芳芳。勾调师匠心独具，技艺超群，方成就一杯怀庄美酒。

怀庄制酒车间，蒸粮的酒甑喷吐着滚烫的蒸汽。

每年新熟的红缨子糯高粱，适当破碎后，泼入煮沸的赤水河水。装入酒甑，蒸到七成熟，紧接着摊晾、加曲、堆积、入窖、封窖。发酵一个月左右，再次进入酒甑，蒸馏取酒。

如此，循环七个轮次。

车间酒香四时各异

一年周期，两次投料，九次蒸煮，八次发酵，七次取酒——酱香白酒的四季悄然轮回、周而复始。不知不觉中，怀庄质量总工程师徐伦，已在茅台镇定居20多载，从一个车间里的酿酒"小兵"，成长为怀庄质量总工。

徐伦本不是仁怀人。其父亲为酿酒师，曾在赤水河上游的酒厂生产浓香型白酒。

20多年前，徐伦跟随父亲顺流而下、由川入黔。据徐伦回忆，父亲之所

第二章　美酒怀庄

以举家南迁,正是看中了怀庄发展的蓬勃之势。它是茅台镇最早的民营酒企之一,董事长陈果常将"酿造一瓶好的酱香白酒"挂在嘴边。朴实的话语,表达出雄心与情怀。

徐伦已描述不清第一次品酒的滋味。他只记得懵懂年少时,跟着父亲来到制酒车间,氤氲的酒香挥之不去。

酱香酒的香味不仅浸染了整个河谷,还飘向了更广阔的远方。无数对"徐家父子"涌向这个小镇,来这里工作,在这里扎根。将自己与后代,与这方小小天地编织在一起。

渐渐地,徐伦发现,不同季节,车间散发出的酒香味并不相同。

春夏之交,酒味是最好闻的,纯澈微甜的酱香味,飘入鼻尖就能唤起舌头上的味觉记忆。冬日的酒味不那么明显,倒像是在蒸高粱饭,偏偏味道还有点半生不熟的。而盛夏就有点不美好了,酒香里带着一股焦味。

在车间待久了,徐伦终于明白,这些不同的风味,都由无数看不见的微生物控制。它们在空气中,水中,土壤中,繁衍生息。

同所有酱香白酒酿造一样,怀庄离不开赤水河的水。

多年来,怀庄设有两个取水点。一处位于茅台镇,在四渡赤水纪念园的山脚下。另一处,则位于赤水河右岸支流,五岔河大沙坝水库。这两个取水点,周边无污染源,pH值稳定,呈中性至微碱性反应,为怀庄提供了最优质的酿造水源。

怀庄更离不开赤水河谷特有的紫红泥。

酒醅下入窖池后,得先在上面盖上一层谷壳,再用紫红泥封窖。

7000万年前形成的侏罗白垩系紫色沙页岩、砾岩,受海拔高度和岩石风化后成土母质的影响,发育为紫红泥。由紫红泥制作而成的窖泥,承载的微生物不计其数,是酱香白酒窖池发酵、成香的关键要素之一。

在制酒车间待得越久，徐伦就越发深刻理解，酱香白酒的品质，不仅取决于酿酒技艺高超的"人"，更与其所处的自然生态环境息息相关。

七种风味绕梁不绝

七次取酒，茅台镇流传着一个形象的比喻。

一轮次酒，淡淡的青草香散发出来，透着略微的生粮香气。就像小孩，活泼好动，酒体略微辛辣。

二轮次酒，则似二十出头的年轻人，略带青涩，酒体表现出些许酸涩。

三轮次酒，则似进入而立之年，香和味较为协调，朝气蓬发但后味还稍显单薄。

四轮次酒，如同不惑之年，酒体醇厚平和，既富有朝气又兼具稳重。

五轮次酒，好比知天命的年纪，酒体显得从容淡定，香和味更加平和丰满。

六轮次酒，人生耳顺之年，以味道见长。

七轮次酒，犹如古稀之年，产量越来越少，酒体的焦香味利于空杯留香。

七种风味，年年岁岁绕梁不绝。

至少花了5年时间，徐波才完全分清它们之间的差异。徐波现任怀庄质量副总工程师，与刚进怀庄时的青涩已不可同日而语。

冬日，天不亮就开工，雾气悄然爬上厂房的窗口。当天边泛起鱼肚白时，酒液从酒甑流入坛中，醇香温热萦绕，这是徐波最乐见的一个场景。不过此时的酒液，酒精度约在57度，距离成酒尚远。接下来，它还将历经多次取酒。

第二章　美酒怀庄

怀庄接酒图

这是出酒最好的轮次，酒液不断流出。有经验的酒师，看酒花就能判断出酒精浓度。

每次取酒，都要与温度抗争。

第一、二轮次取酒在冬季，酒师要防止低温，以保证微生物有一个良好的生长繁殖条件。来年开春后气温回升，茅台镇逐渐进入"桑拿季"，酒师又要与高温作战。

其中第三、四、五轮次为关键的"黄金轮次"，产量占到全年基酒量的60%以上。"微生物的生长繁殖需要有稳定的温度区间，过高和过低都不行。"徐波说，酱香白酒独有的微生物，是需要特别呵护的对象。

在众多酿酒工人中，徐波因敏锐的嗅觉与味觉脱颖而出。上甑蒸酒的时节，徐波几乎每天都要品酒。香、醇、净、爽、苦、涩、辣，入口后，每一种

滋味，都要细细甄别。为了让味蕾保持敏锐，他生活中尽量少吃辣、酸等刺激性食物。久而久之，就将自己变成了酱香白酒专属的"味觉记忆卡"。

每个轮次取酒时，根据酱香型白酒三大典型体"酱香、窖底、醇甜"进行分类，按不同等级封坛贮藏。

杯中揽尽山河日月

怀庄的勾调师们，都对山河有着执着的敬畏之心。

品酒师团队

在陈启龙的带领下，怀庄品评酒师团队不断壮大。

第二章　美酒怀庄

每每提及酿酒过程，徐波总是认真而严谨地表述：从化学层面上来说，酿酒是长链大分子有机化合物，变成短链小分子有机化合物的一个过程。

在酱香白酒的生产过程中，生香靠发酵、提香靠蒸馏、成型靠勾调。

徐波本是退伍军人，并非酿酒科班出身，他是制酒车间里靠着"口传心授"成长起来的勾调师。与微生物的朝夕相处，让他能够轻松辨别出格外丰富、几乎无法用语言表达出来的感官差异。这样的技艺传承，可谓气度非凡。

跟着老师傅学习了七八年后，徐波尝试独立地勾调酒。

走进酒库，徐波开始在上百种基酒里挑选。这些基酒，有些已在陶坛里封存了20多个春秋，有些却还是"小年轻"，存放时间不过三五年。但没有哪一份基酒是完美的，甚至某些特殊的味道，单独品尝起来并不十分愉悦。

勾调时，徐波感觉自己是一名乐队指挥，充分调动所有酒分子交叠、组合，奏出一曲和谐优美的乐章。然后，静置等待。每隔7天，它都会发生一些变化。直到一个月以后，才趋于稳定。

稳定后的小样，要获得怀庄10多位勾调师组成的品酒团70%以上的认可，才能开启大样勾调。

经验丰富的勾调师，即使能判断酒体的大致风格，也很难准确预见上千种物质排列组合后的具体风味，失败是难免的。就算勾调出来的小样令人满意，按同样比例的大样勾调，也可能发生意外。

2015年，徐波和团队花了半年多时间，勾调出的酒样，摘取了比利时布鲁塞尔国际烈性酒大奖赛金奖的桂冠。

徐波更致力于满足不同地域顾客的口味，让赤水河畔的酱香，留于五湖四海人们的舌尖。"贵州人尤喜浓浓的酱味，北方人性格豪爽偏爱暴烈，南方沿海地区的人们则乐意享受清淡与柔和。"

勾调师手中的每一杯酒，都揽尽山河日月。

怀庄40年
一个酱酒品牌的发展史

"与茅台酒同地、同源、同技"

> 酱香型白酒酿造技术的起源、定型与扩散，与茅台酒有着难以割裂的联系。回望怀庄早期发展，也得益于对茅台酒酿造技术的学习和效敬，进而建立起酒师主导的酿酒过程控制体系。

每位初到茅台镇的旅人，都会惊异于空气中弥漫的酒香。

这份香气，实则是酱香白酒与生俱来的穿透力。

茅台镇只有三条主街道。每天，却有成千上万辆拉货的车，穿行于狭窄的街道。这种繁忙景象，得益于近年来茅台镇酱香型白酒产业的蓬勃发展。

怀庄，就是其一。

在茅酒之源遇见"神秘"指南

黔无盐，却有最醇的酒。

"蜀盐走贵州，秦商聚茅台。""家惟储酒卖，船只载盐多。"西南崇山峻岭，不同于江南水乡。在这里，只有烈酒才能抵御湿寒的气候，只有醇香才能吸引南来北往的客商。喝过，就忘不掉，就日夜回想。

第二章　美酒怀庄

历史上，第一次品尝这种风味的，是汉武帝和他的使臣唐蒙。来自牂牁腹地的神秘枸酱在舌尖翻腾，令人"甘美之"。酒，成了冲破重山阻隔的情感共振。它不仅仅是饮品，还是支撑生活丰满的筋骨，更是交换生活物资的砝码，成为吸引人们翻越山峦彼来我往的动力。

据史料记载，1951年，国家为发展茅台酒这一民族品牌，成立"贵州省专卖事业公司仁怀茅台酒厂"，简称仁怀茅台酒厂。至1952年底，完成"三茅"的公私合营。因主管单位变更，名称几经变化，1954年5月更名"地方国营茅台酒厂"。

1957年，国营茅台酒厂根据当地老酒师们口述记录，整理出《茅台酒传统工艺14项操作规程》（以下简称"14项操作要点"），成为茅台酒发展史上第一部生产管理制度，为初步完善茅台酒的生产工艺和质量提高贡献良多。

"'14项操作要点'由每个班组的酒师掌管。"王开鹏，曾任茅台酒厂制酒第一车间酒师。制酒一车间，是茅台历史最悠久、文化底蕴最深厚的生产车间，被称为"茅酒之源"。

王开鹏于1975年进入"茅酒之源"工作，"14项操作要点"是必修功课，却神秘到只能借阅。它由硬的牛皮纸装订而成，里面夹了几张表，其中有工艺示意图。接下来近半个世纪，酱香白酒传统工艺的操作要点才固化下来。

提及"14项操作要点"，年逾古稀的王开鹏，对每项技艺、每个操作要点，都烂熟于心。

在怀庄搭建质量体系

2012年，从茅台酒厂退休的王开鹏，收到了怀庄递来的"橄榄枝"。

"邀我坐镇把关？我可是很严格的。"一提到酿酒，王开鹏就来了精神。

"请您来，就是想要援引茅台酒厂的规范工艺。"陈果坚定地说，怀庄要酿好酒、美酒、良心酒。

"那就严格按照茅台'14项操作要点'执行。就算怀庄的财力、人力不及茅台，我们也不能降低标准。"在青年时代，王开鹏就将"质量是生命之魂"的信念，入脑入心。

怀庄的酿酒工人，皆来自茅台镇各村寨。尽管他们各自家中都会酿酒，但对于规范化操作程序，依然有着提升的空间。

陌生而熟悉的车间。天色熹微，大卡车拉来的红缨子高粱堆在不远处。年轻人整齐地站成一排，认真地听讲要点。王开鹏恍然看到了自己的影子，过往半个世纪的记忆涌上来，他忽然间读懂了一个词：传承。

每一个轮次的生产，都充满变数。稍有不慎，产量和酱香都可能低于预期。

比如润粮时加水过多，蒸煮时水分就大，粮食中淀粉易流失，从而影响酒质。"那我就指导他们，在下一个轮次，将水分降下来。"

有些班组意识不够，为增加单轮次的出酒率，会在润粮时泡大水分，或是在蒸粮阶段延长时间。王开鹏随时都在敲警钟："先有质量，再讲产量。没有质量，一切都徒然。"

每个轮次结束，王开鹏都要召集各班班长开总结会，让他们先把自己在生产中遇到的问题提出来。譬如哪个环节是如何操作的？发现问题又是怎么处理的？

"凡事多问几个'为什么'。"王开鹏跟各班班长强调，这是他从老一辈酒师那里，习得的最受用的道理。"操作中要勤问多思，发现问题，要及时解决、总结经验。时间久了，脑子里就能架构出一张系统的酿造知识网。"

酒质与酒师的共同蜕变

初步估算，一个酿酒工人每天在晾堂的劳作时间，达6个小时。折合行走距离，约10公里。不大的晾堂里，10公里的路程，是无数次来来回回的重复劳作，更是无数个细节要点的精心把控。

王开鹏倾力将毕生所学，传授给怀庄的年轻酒师。

有班组员工开玩笑说，王开鹏是个"狠"人。无论是翻粮、拌曲，还是上甑、摊晾。操作稍不规范，都逃不过他的"火眼金睛"。

其实，王开鹏更是一位心细而暖心的长者。初到晾堂的工人，他会上前去手把手耐心教，确保他们在不伤身体的前提下操作："你不能用蛮力，要使巧力，才能行之有效。"

截至目前，王开鹏已经带出20多位制酒车间班长。10年时间，他们已然成长为怀庄骨干力量。他们将自己掌握的要点，教给车间的工人，使其成长为熟练工。

怀庄酿酒人上甑操作

酱香型白酒酿造非常重要的操作环节，是技术与艺术、力量与智慧的有机统一。青涩的脸庞、娴熟的动作、手臂的肌肉，都是最好的说明。

蜕变的不仅是人,还有怀庄这瓶美酒。

正因为对质量细节的重视以及对传统工艺的坚守,怀庄的酒质持续提升。"10年前,初尝怀庄酒,酸涩感较重。如今,入口醇香,回味甘甜。"王开鹏说,酒质好了,市场更易开拓,员工的工资、奖金、福利也随之增长,"质量是企业的生命,是每位员工生存的本钱和饭碗。"

"怀庄与茅台酒同地、同源、同技。"王开鹏认为,品质保证,是怀庄未来发展的关键所在。怀庄将不断加强品质管理和控制,以确保产品品质的稳步提升。

怀庄40年
一个酱酒品牌的发展史

时间和微生物的神奇力量

赤水河水、小麦、高粱，在茅台镇相遇。酿造微生物赋予了物质形体的美酒以生命，时间延展了美酒的厚度和长度，怀庄美酒在时间中酝酿，在时间中绽放芬芳。

小麦、高粱，加上赤水河水，如何化成一瓶微黄或无色透明且有复杂香味的酱香白酒？

酿酒，归根结底就是利用微生物将淀粉糖化，再转化为酒精的过程。

谁能驾驭微生物培养出最佳的配比，并守得住四季的轮转更替，就能酿造出最醇美的酒。

一杯怀庄酒，是时间与微生物的产物。

在时间里酿造

赤水河全长523公里，其流域的地质背景和地形地貌复杂多样，形成时间的跨度从5.4亿年至6500万年前。

时间牵引着风、牵引着赤水河在红层和喀斯特地貌上肆意创作，切割出深深的河谷，营造出一方气温较高、风微雨少的小气候。

赤水河上游的岩溶地貌渗水性强，水中的杂质被过滤掉。同时，岩层中的钾、钠、钙、镁、铁、锰、铝、铬等可溶性矿物离子溶于河水。而中游地区的红层，结构松散、强度低、孔隙大，河水流经此地再次得到过滤。滤去来自上游对酿酒不利的钠、镁等元素，并进一步添加钾、锶等利于提升酒体风味的微量元素。

——这一切，是大自然为酿酒贡献的时间积淀。

数千年来，酿酒活动在赤水河沿岸传承，使得空气中的微生物群得到了长期、稳定的繁衍、生长。这些生生不息、非常忠诚的微生物精灵，大量参与到酱香白酒的酿造过程中。酱香的形成，与自然生态圈中特殊的微生物群落，息息相关。

在中国白酒中，酱香型白酒的酿造工艺最复杂。酿造周期长达一年，期间两次投料，九次蒸煮，八次发酵，七次取酒。一年期满，新酒初成，刚摘的白酒不宜直接饮用。还须经过至少数年贮存，才能进行勾调。

——这一切，是劳动人民为酿酒探索的时间密码。

怀庄初建时，仅三栋土木结构厂房10个窖池，当年投粮生产大曲酱香型白酒。如今，取而代之的是现代化厂房。唯一不变的，是每日凌晨升腾飘向群山的袅袅蒸汽，依旧"风过隔壁三家醉，雨后开瓶十里芳"。

怀庄40年，在时间长河里只是短短的一瞬，却又是不凡的一瞬。怀庄以精耕细作来解读着时间，以精益求精来传承着酿造。

在时间里酝熟

怀庄的储酒仓库里，盛有千斤白酒的陶坛，像兵马俑似的列队开去，一直延伸到库房昏暗的尽头。浓郁的酒香弥漫在空气中，沁人心脾。

怀庄老酒库

一排排装满陈酿的陶坛，是怀庄最宝贵的财富。

细看之下，白色的墙体上布满发酵菌——这群看似脏脏的"小东西"，却能带来大效用。

让基酒慢慢老熟，要在常温环境下贮存于具有微孔结构的土陶坛中，一般存放3年以上。

刘红、令狐容，怀庄酒库管理员。每年酿酒季，是她们最繁忙的时候。

从清晨到午后，制酒车间源源不断送来轮次酒。经检测，待温度、浓度等指标合格后方能入库。令狐容本是滴酒不沾的人，经年累月下来，她对轮次酒，已经有了属于自己的判断："一轮次酒，像空气中飘浮着酸酸的味道。七轮次酒，像我家做饭烧煳的气味。"

基酒置于坛中，通过陶坛在烧制过程中天然形成的大大小小孔隙，与外界微生物群相互交融。酒中有害的杂质、游离酒精分子和各类风味物质经过一系列物理和化学变化，或被分解，或被挥发，或持续进行化合反应，再透过存酒的陶坛浸润出去。

刘红每天都会打着手电筒巡视数百坛酒："茅台镇最炎热的夏天，摸摸这些陶坛外沿壁，潮湿的，润润的，像一个醉了的人微微出汗。"

经过岁月的历练和沉淀，基酒的刺激感和辛辣感逐渐消失，各类香味物质则进一步生成与融合，达到"老熟"状态。

随着贮藏时间的延长，酒色还会微微泛黄。徐波说，储存20年以上的基酒，甚至可以呈现出琥珀色，让人想起唐朝诗人李白的传世佳句，"玉碗盛来琥珀光"。唐时古酒虽与今酒不同，但美酒醉人的色彩意境，古今无异。

在时间里芬芳

历经千百年，茅台镇培养出上千种适宜的微生物，让它们在复杂的环境中彼此交互。

乳酸菌使白酒具有独特的香味，醋酸菌是醋酸的主要来源，而丁酸菌和己酸菌，则让白酒窖香浓郁、回味悠长。但微生物的活性几乎不受控制，它们古老浪漫而又无拘无束。加之不同生产班组、不同窖池的气候条件、设备条

件、操作水平等因素的影响，各窖有异、坛坛有别。

勾调师依赖自己的感官，不断总结试错，方以最佳配比，调出香气合宜的酒。20多年来，徐伦摸索出这套绝技："勾调，最重要的就是各种酒样的比例。只有达到了比例的完美协调，才能够得到最为经典的酒体。"

从储酒仓库挑选一批基酒，在实验台一字排开。每杯都有简单的标注：何时产于哪个车间、哪个窖池、哪个轮次、属于哪种典型体。

徐伦轻晃酒杯，细抿一小口，闭目凝神，细细品味，写下评语。每一杯酒都仔细品味后，徐伦心里有了谱。

紧接着，徐伦挑两种基酒勾兑，仔细的品了品两种酒勾兑后的风味，又记下一些感观评语。随后两两相勾，或是三三相勾，都记下评语。

如此累加品鉴，徐伦甚至一天要尝成百上千次，为的是找出自己想要的那种"人间至味"。在他嗅觉和味蕾器官的极致体验中，能够感受每一瞬间的细微变化，寻找每一刹那的品味定格。

"时间，才是最好的酿酒师。"很多勾调师还喜欢用陈年老酒来增色生香。徐伦形容，如果勾调像做菜，那么上了年份的老酒就如同盐。食盐单独品味，不见其妙。将其添加到菜肴中，能够使菜肴本应具备的香味，更加突出。

老酒之于酱香型白酒，其用亦在于此。它能使成品的色、香、味、格，都更加协调，更加平衡。徐伦说道："只用一滴老酒，就能改变一瓶酒的风味。"

第三章　党建怀庄

讲怀庄，党建是个绕不开的话题。讲仁怀、讲茅台镇的非公企业党建，怀庄更是绕不开的话题。建立第一个民营企业党支部、第一家民营企业党委，两位创始人都有光荣在党50年的奖章。透视怀庄人才观，深入考察怀庄工会工作，解析怀庄政协委员、人大代表的参政议政工作，已然形成了独特的怀庄现象。

讲怀庄的历史，党建是个绕不开的话题。讲仁怀市、茅台镇的非公企业党建，怀庄更是绕不开的话题。

有人说，怀庄拿到仁怀市第一家民营企业党支部的牌子，是靠运气、靠关系。我们仔细考察又考察，发现当年的文件、当年的记录本，白纸黑字写得清清楚楚。

有人说，怀庄集团的办公大楼，像极了党委政府大楼。我们仔细看了又看，发现可能跟大楼前挂的巨型牌匾"中国共产党贵州怀庄酒业集团委员会"有关。

有人说，怀庄搞党建，搞的是盆景式党建——当看不当用。我们仔细研究又研究，发现怀庄党建不但好看而且管用：把党的建设当作第一软实力来抓的。

非公企业党建，怀庄远远走在前列。

这些"第一"不一般

> 怀庄建有仁怀市第一家民营企业党支部、茅台镇第一家民营企业党委，高度重视党建工作，把党建当作第一软实力来抓，党员时刻点亮"第一身份"，使怀庄成为远近闻名的非公企业党建模范。

一般人肯定不会知道：仁怀市第一家民营企业党支部、茅台镇第一家民营企业党委，都在怀庄。

1998年4月23日，仁怀市第一家民营企业党支部——怀庄党支部成立。这一年，怀庄15岁。

2012年6月11日，茅台镇第一家民营企业党委——怀庄酒业集团党委成立。这一年，怀庄29岁。

第一家民营企业党组织

仁怀市第一家民营企业党组织缘何花落怀庄？说到此事，就不得不佩服陈果、陈绍松两位老党员敏锐的政治眼光、敢为人先的创新精神和对党的深厚

第三章　党建怀庄

感情。

彼时，党中央对在民营企业建立党组织还持审慎态度。2000年9月，中央组织部印发《关于在个体和私营等非公有制经济组织中加强党的建设工作的意见（试行）》，首次明确非公有制经济组织中党组织的地位作用和职责任务。两年后，党的十六大修改党章，首次提出要把承认党的纲领和章程、自觉为党的路线和纲领而奋斗、经过长期考验、符合党员条件的其他社会阶层的先进分子吸收到党内来。

曾在国营单位工作并入党的陈果、陈绍松，到20世纪90年代末，已是20多年党龄的老党员了，他们对党的感情非常深。但多年来，党组织关系一直挂在国营单位，过组织生活还得到国营单位去。

正在这个时候，茅台镇食品站党支部只剩一个党员，不符合建立支部的条件。两位老党员得知后，立即意识到这是个契机。怀庄的两位党员再加上食品站的那名党员，就有了3名党员，就可以成立支部。

于是，两位老党员找到仁怀市委统战部领导，请求在怀庄建立党支部。当时的统战部领导打趣说：你们胆子可真大啊，私人企业不但要建立党支部，还要收编国营单位的党员。

玩笑归玩笑，在仁怀市委统战部协调下，经市委组织部研究同意，怀庄立即向茅台镇党委打报告。1998年3月20日，茅台镇党委下发《关于取消食品站支部并建怀庄酒厂支部的批复意见》。收到批复意见，两位老党员欣喜万分，马上着手建立支部的有关工作。

经过一个月紧锣密鼓的筹备，4月23日，怀庄酒厂党支部成立大会隆重举行。仁怀市第一家民营企业党组织——一个只有3名党员的支部，就这样成立了。说来也巧，爱书如命的陈果当上怀庄酒厂党支部书记的这一天，正是世界读书日。

怀庄党支部成立批复文件

1998年4月23日，仁怀市第一家民营企业党支部——怀庄党支部正式成立。

第三章 党建怀庄

前几年,某民营酒企几次向上级组织申请成立党组织,但每次都铩羽而归。有高人指点,建议他们去怀庄看看。该酒企老总遂率队到怀庄取经,陈果倾囊相授,最终如愿以偿。

把党建当作第一软实力

25年来,从支部到党委,从3个党员到70多个党员,怀庄发展的历史,也是怀庄党建变强的历史。为什么一家民营企业,如此重视党建工作?就这个问题,我们专门问过公司党委副书记田云昌。

田云昌一向喜欢读书、善于思考。他认为,如果说公司的生产经营业绩,体现的是公司的硬实力的话。那么,公司坚持听党话跟党走,加强党的建设,以党建铸魂、凝聚人心、推动发展,可以说是一种软实力,并且是第一软实力。

软实力建设,在怀庄党建历史上,是始终在场的。

早些年,怀庄提出了党建铸魂、质量立企、品牌兴企、文化强企、创新活企五大发展战略。其中,就把"党建铸魂"作为首位战略。2014年5月,在全党上下深入开展群众路线教育实践活动之时,怀庄集团党委正式提出"三讲三爱三感恩"教育,作为公司党委开展群众路线教育活动的"自选动作",并召开隆重的启动大会。

为增强软实力,怀庄集团党委高度重视配齐配强党务工作者。怀庄成立党委前,由集团办公室主任具体负责党务工作。赵海就在办公室主任岗位上,锻炼成为党务工作的一把好手。后来担任公司党委委员,与此段经历不无关系。

怀庄党支部活动记录

1998年的怀庄党支部活动记录，记载了怀庄党组织工作开展的具体情况。

第三章　党建怀庄

怀庄集团党委揭牌仪式

2012年8月16日，茅台镇第一家民营企业党委——怀庄酒业集团党委揭牌成立。

　　怀庄集团党委成立4年后，即2016年，就配备专职副书记，具体负责公司的党务工作。首任专职副书记田云昌，一干就是7年，不但是公司的"党务通"，也是业内非著名党建专家。陈果、陈启龙、赵海、田云昌等，连续多年被仁怀市委组织部评为优秀党务工作者。

　　怀庄不但把党的建设视为"软实力"，还把"软实力"变成企业发展的"硬动力"。怀庄认为，党建作为软实力，对内能凝聚人心、对外能促进发展、对上能得到关注。公司董事会研究重大问题后，要报党委会审定同意。公司党委会不只是研究党建工作，更研究公司重大决策部署。

党的十八大以来，怀庄党委深刻认识和准确落实"第一议题"制度，与党委理论学习中心组学习、"三会一课"、业务知识学习有机衔接，做到党建与业务工作同计划、同部署、同检查、同考核，为企业改革发展提供思想保障。在民营企业，能够做到党领导一切的，恐怕不多见。

发展党员坚持把政治标准放在首位

董事长陈果的长女陈启先，是员工心中的"大姐"。迄今她都还清楚记得，比她年长一些的"龙哥"陈启龙，"修厂那天就进厂烤酒"。她则是1992年进入怀庄"开始领工资"，一直从事保管员的工作，对怀庄的内部管理和业务运作熟稔于心。访谈时，不时被电话和信息打断。她很不好意思地对我们说，随时盯着手机，成为每天的日常工作。现在通过信息化手段进行操作，但她所从事的工作基本没变。公司接到订单后，由她通过内部管理系统下达到责任部门，落实相应任务。

她和陈启龙，都是怀庄党支部成立后发展的第一批党员。手写在学生练习本上的中共怀庄酒厂支部委员会会议记录，记事时间开始于1998年4月。经过25年的时间洗礼，纸页泛黄的记录本，边上的订书针早也锈迹斑斑，详细记录了怀庄党支部成立后开展组织生活的相关情况。1998年6月18日，怀庄党支部组织学习了党章，讨论拟发展培养的入党积极分子名单，选举支部优秀党员，相关结果在会后上报茅台镇党委。经过支部讨论，确定陈启先、陈启龙等4人为培养对象。

怀庄党支部1999年5月12日的会议记录显示，陈启先、陈启龙等4名积极

第三章　党建怀庄

分子，"于98年6月26日报中共茅台镇委员会批准，同意作为入党积极分子培养，现已近一年，根据一年的培养情况，召开支部会进行讨论"。会后，怀庄党支部将一年培养情况和讨论结果上报茅台镇党委。29日，茅台镇党委下达《预备党员通知书》，同意吸收陈启先、陈启龙等为预备党员，预备期一年。据此，陈启先、陈启龙编入支部过组织生活，由怀庄党支部"严格加强管理、教育，按时考察记录"。

陈启先告诉我们，董事长对她的要求，比对其他人还要严格。在工作上，要做到一丝不苟，并不因为是自己的子女，就有特殊的照顾。那时候，陈启先已经成家，与陈果、陈绍松两家都一同住在厂里。几家人在工作和生活上相互支持，亲如一家。但在入党这件事情上，严格按照组织程序要求开展，没有丝毫松懈。这一点，在我们与陈启龙的交流访谈中，得到了印证。周山荣也说，他是在怀庄工作时，由怀庄支部培养考察后吸收入的党。

访谈中曾问陈启先："作为民营企业的一分子，个人入党和没有入党有什么区别？"她告诉我们，从小在家里接受的教育，就是要"拥护中国共产党，听党话，跟党走。我自己认为，没入党和入党感觉都差不多"。这里的"差不多"，是基于家庭传承和党性教育的高标准、严要求。即便是陈启先、陈启龙，怀庄党支部从培养、考察、吸收到组织生活的开展，都未曾降低半分要求。在周山荣看来，作为"仁怀民营企业第一个党支部"，怀庄党支部当得起"第一"这个称号。

党员时刻点亮"第一身份"

无论是党委书记，还是党支部书记，抑或普通党员。无论是坐办公室的，还是下车间的，抑或接待客户的。只要是怀庄的党员，只要是工作场合，都会佩戴党员徽章。

我们对这一现象感到诧异。先问坛厂支部书记陈元：这是公司党委要求的还是你们支部要求的？答曰：都不是，是党员自愿的。

再问公司某党员：你为什么自愿佩戴党员徽章？答曰：作为党员，我觉得是一件很光荣的事，我希望别人知道我是党员。

同问一名销售副总，答曰：亮明党员身份，能给客户带来信任感，往往有助于建立信任和增进了解。

又问公司党委委员赵海：为什么党员会自发佩戴党员徽章？答曰：用时髦的话说，叫"刷存在感"。用党内话语说，叫亮明身份。首先，公司党委对入党要求严格，能加入党组织是少数中的少数。其次，党员在公司特别是在他所在的部门，较有号召力。再次，亮明党员身份，是荣誉感的体现。

听了上述回答，我们从诧异变为钦佩。一家民营企业的党员，对党员身份的这种认同感，让人钦佩。一家民营企业，党员先锋模范作用发挥这么好，让人钦佩。

采访包装车间主任张小红时，她谈到党员身份对她的影响："成为一个党员的话，更加能管控自己。什么事该做，什么事不该做，心里会有杆秤。以一个党员的身份，能做更多事，更能了解中国社会的发展。"

第三章　党建怀庄

言由心生，心动带动行动。张小红不但在工作岗位上兢兢业业、任劳任怨，而且在为人处世上德行高尚、孝亲爱子，被评为怀庄首届十大孝星。

在怀庄，党员身份不仅仅带来荣誉感，还带来满满的获得感，这也是党员愿意亮明身份的重要原因。每年，怀庄只有2个入党指标，却有20多个人志愿入党。

这些，只是怀庄25年党建工作的几个片段。这启示我们：党建工作，能为怀庄百年基业保驾护航。

光荣在党50年

> 陈果、陈绍松，这两位怀庄的创始人，分别获得"光荣在党50年"纪念章。一本比怀庄还要年长的党费证，一堂堂精彩的党课，一句句庄严的承诺，见证了怀庄老党员的党性和修养，见证了两位老党员与党的半世纪情缘。

"我来怀庄看党建和工会工作，实际上是来看望两位老党员的。"2009年8月，贵州省原省长、全国人大民委原主任王朝文莅临怀庄视察时，如此说道。

2021年和2023年，在建党百年和102周年之际，怀庄的两位创始元老陈果、陈绍松，分别获得中共中央颁发的"光荣在党50年"纪念章。这在仁怀的民营企业中，是绝无仅有的荣耀。

佩戴"光荣在党50年"纪念章的陈绍松、陈果

50年党龄，50载光荣。一枚金灿灿的纪念章，是党中央对50周年党龄老党员的关心和关怀。

第三章　党建怀庄

一本比怀庄还年长的党费证

在怀庄党建展厅，陈列着一本微微泛黄的党费证。这是陈果41年前缴纳党费的证明：0.15元。1982年的党费证上，清晰地记录着他每月缴纳党费的金额。

1982 年党费证

0.15 元，是陈果党费证上记载的缴纳金额。

按月足额缴纳党费,是陈果、陈绍松两位老党员坚持了50年的习惯。用陈果的话说,"每缴纳一次党费,就增强一次对党的归属感"。每到缴纳党费的日子,两位老党员就会第一时间向党组织缴纳党费。

"两位老人家数十年如一日,自觉履行缴纳党费义务。向我们诠释了老一辈共产党员,对党最忠诚、最执着、最朴实、最真诚的爱,展示了崇高坚定的党性修养。"田云昌表示深受感动,二老的行为是增强党性教育的鲜活教材,值得年轻一辈和党员学习。

除了正常缴纳党费,两位老党员在特殊时刻,都会自觉响应党的号召,缴纳特殊党费。陈果已经记不清交了多少次特殊党费,只要党有号召,他就有行动。1998年大洪水、2008年汶川大地震等重大灾害性事件,他都会尽一份党员的心意。

陈果指着中央组织部开具给他的特殊党费收据说,汶川大地震发生后,我几次打电话问仁怀市委组织部,什么时候可以交特殊党费。得到可以缴纳的通知后,第一时间就去交了,心里就踏实了。

一讲就是一辈子的党课

两位老党员,文化程度都不高,但讲党课时,听众的热情却很高。为什么呢?精彩呗。

陈果记不得从什么时候开始就自觉自愿讲党课了,讲了多少堂党课也不记得了。到今天形成的不成文传统,是"三个必讲"和"三个必到"。

"三个必讲"分别指:党的生日那天给全体党员必讲一次党课,给入党

第三章　党建怀庄

积极分子必讲一次党课，新员工入职第一课必讲党课。所以，怀庄员工基本上都听过陈果的党课，党员更是经常能听到。

"三个必到"讲的是：任何单位邀请讲党课都必到，任何时候邀请讲党课都必到，到任何地方讲党课都必到。田云昌在担任董事长助手时，就发现陈果经常外出讲党课，一不收钱，二不嫌远，三要自己贴差旅费。

每一堂党课，陈果都是把党的理论、方针、政策，穿插在自己的人生经历中去讲。他传奇的一生，可讲的精彩故事实在太多太多。随便一个小故事，都能被他讲出大道理来。讲者润物无声，听者潜移默化，听众反映"效果杠杠滴"。

陈果给员工上党课

2019年9月29日，怀庄集团党委书记、董事长陈果在"不忘初心 牢记使命"主题教育集中学习会上为员工讲授党课。

怀庄人就这样经常接受党的教育，不自觉间就提高了对党的认同感。入党的意愿大大增强，才会出现入党时"十挑一"的场景。

陈果认为，个人爱党信党的力量是有限的，必须让更多的人爱党信党，才会形成强大的力量。讲党课，可以凝聚人心，让更多人了解党，进而信任党、热爱党、奉献党。他把讲党课当作自己应尽的责任。数十年来，未曾改变。

陈果说，只要腿还能走，口还能说，他就要一直讲下去。

一句用党性作担保的承诺

"认认真真办事，踏踏实实做人，顾客永远是对的。"这是两位老党员对自己，也是对怀庄人提出的基本要求。后来，变成怀庄党员用党性向社会和广大消费者，作出的庄严承诺。

两位老党员经常说起毛主席的一句话："世界上怕就怕'认真'二字，共产党就最讲认真。"他们可不是把这句话挂在嘴边说说，而是认认真真落实在行动上。

缴纳党费是认真的、成立党支部是认真的、搞党务工作是认真的，创办茅台德庄书屋是认真的、举办读书会是认真的、自己坚持学习也是认真的，创办怀庄公益社是认真的、关爱帮助员工是认真的、"金秋助学"也是认真的，严格采购酿酒原料是认真的、酿酒严守工序关口是认真的、售酒明码实价也是认真的。

他们有个朴素的观点：要求别人做到的，首先自己要能做到。评选"十大孝星""二十四孝贤"，陈果自己就是个大孝子。捐款捐物，二老带头捐。

第三章　党建怀庄

要求员工要跟上时代学用电脑，陈果自己就先学会了。

做人方面，两位老党员不遗余力，倡导并践行以"德"为核心的党建文化和企业文化。这集中体现在他们提出的"三讲、三爱、三感恩"教育。这是2014年，在开展党的群众路线教育实践活动时的"自选动作"。虽然是临时提出的活动，但并未随着群众路线教育实践活动的结束而结束，而是坚持到了今天，一晃也10年了。

所谓三讲，是指讲孝道、讲礼貌、讲诚信；三爱，是指爱祖国、爱怀庄、爱自己；三感恩，是指感恩伟大时代、感恩酒都仁怀、感恩茅台古镇。陈果说，"三讲三爱三感恩"的核心就是一个德字，这是依据怀庄的实际，融合中华优秀传统文化和社会主义核心价值观而形成的党建品牌。10年下来，怀庄人把"三讲、三爱、三感恩"融入到言行中，成为一种习惯。

而说到"顾客永远是对的"，陈果回忆道，当初提出这个口号，是需要蛮大勇气的，更是需要底气的。毕竟，影响酒的品质和口感的因素很多，也有不可控的时候。他说，我们的勇气和底气都是来自党性。老党员办企业，更要坚持党性原则。

提出"顾客永远是对的"，不是说顾客说的每句话都是正确的。而是重视顾客说的每句话、反映的每个问题，把消费者当监督者，通过消费者的监督来帮助怀庄不断提高品质。这种实事求是、敢于自我革命的精神，是非常宝贵的。

50年来，两位老党员对党的赤胆忠心、一腔热忱，让我们看到了党性和人性的交相辉映。

人心稳　企业兴

> 作为一个民营企业，怀庄有哪些独特的识才、引才、用才、留才之道，将来自各行各业的人才汇聚一堂，共同擘画怀庄事业？德才兼备、择重于德是怀庄人才观的核心要义。任人唯"亲"与唯才是举并行不悖是怀庄人才观的独特之处。怀庄的"人才"观，本质上是"人心"观。走进怀庄的是人才，走出怀庄的也是人才，是怀庄人才观的大气魄大胸襟。

一个厂龄40年的民营企业，在厂工龄长达20年、30年的员工比比皆是。这是为何？

一个刚刚大学毕业的年轻小伙子，入职短短5年时间，就被提拔为集团高管。这是为何？

一批体制内的干部，纷纷放下"铁饭碗"，加盟民营企业从事生产经营活动。这又是为何？

解开这些疑惑的钥匙，就是怀庄独特的人才观。

第三章　党建怀庄

品行至上：怀庄的识人之道

访谈中很多人都提到，进入怀庄前对酒一无所知，对怀庄也一无所知。感觉自己能力和水平都一般，但这并不影响他们被招进怀庄。进入怀庄后，他们才知道，老实、本分、踏实、勤奋、孝顺等传统美德，才是怀庄更加看重的。这也是怀庄人留给外界的印象。

怀庄认为，孝顺的人，品行不会差；品行好的人，能力不会差。怀庄构建的企业文化，就是以孝为核心的德文化。

田云昌回忆了一个细节。他在正式入职前，陈果董事长给他单独安排一个办公室，协助穆升凡老师编写厂志。董事长提了10万元现金，让他去买办公用品。这是田云昌第一次看到这么多钱，心里紧张又忐忑。

他就提着这10万现金去买办公用品，精打细算下来总共花了不到8000元。买完回去后，田云昌就把剩余的钱还给董事长。董事长接过钱，就和穆升凡老师走了。后来穆老师偷偷告诉田，董事长说，小田实诚、巴家[①]。

田云昌就这样通过了董事长的考验，顺利进入怀庄。董事长心里很清楚：田云昌是仁怀电视台的"台柱子"，工作能力肯定没问题。但是品行怎么样，还需要接受考验。田云昌通过了董事长"设计"的考试。他后来的快速成长，也证明了董事长慧眼独具。

类似的例子，在怀庄还有很多。40年来，怀庄人因品德好而入职，又受德文化熏陶而成长。"家和万事兴""和气生财"这类质朴的传统观念，被怀庄作为治企兴业的理念，并外化为具体的行动。

[①] "巴家"，当地方言，持家的意思，表示为人可靠。

任人唯"亲"：怀庄的引人之道

任人唯亲，是与现代企业管理理念和制度背道而驰的一种做法。这种做法很容易拉帮结派，形成团团伙伙，进而损害企业利益。但是，在怀庄，任人唯"亲"却是相当普遍的现象，甚至成为怀庄一种独特的引人之道。

怀庄的任人唯"亲"，并不是狭义的有血缘关系之"亲"，而是一种建立在血缘、亲戚和地域关系又超越其局限，体现对怀庄倡导价值观高度认同的志同道合之"亲"。一言概之，是对理念和价值的"亲"。故而，非但没有形成山头文化，损害怀庄利益，反而团结一心，提高了效率。用刘浩洋的话说，"任人唯亲，能让这帮人发挥极端的才华，这就是一个奇迹"。在外人看来，更是一个不可思议的奇迹。

奇迹的产生，并非偶然。而是怀庄深谙传统文化，特别是乡土社会的人伦之道并身体力行。怀庄很多员工，都是通过亲戚朋友介绍进来的，他们也不避讳说是某某的亲戚或朋友，大家也并不觉得这是裙带关系。

俗话说，熟人好办事。亲戚管亲戚、朋友管朋友，亲戚、朋友干不好工作，自己的面子挂不住，就会产生干好工作的动力和压力。引荐人的面子也挂不住，就会督促被引荐者好好干。一个是自省，一个是监督，两者相互影响相互作用，形成了责任共同体。

大学毕业从事教育工作的胡益，转行进入怀庄后的第一件事，就是跟随董事长组织编撰《怀庄风韵》一书。胡益说："那个时候我刚从学校里出来，不会开车。因为要搞《怀庄风韵》这本书，董事长让我跟着他弄。董事长开他的奥迪车，我坐旁边。每到一处，董事长逢人就介绍：这是我们公司办公室的小胡。"董事长亲自驾车带着职场小年轻，跑遍仁怀各个部门。在怀庄十多年，胡益已成长为销售能手。给胡益留下深刻印象的，是董事长、总经理的大格局。胡益告诉我们："董事长、总经理经常讲，怀庄不是谁的，怀庄是大家的。只有大家把这当成自己的了，才能够做得更好。"胡益说，在怀庄销售序列里面，"真正站在顶端的全是外姓人"。怀庄开放包容的用人之道，营造起如家一般的和谐氛围，让大家更加认同怀庄，做到了"外人也是自己人"。胡益的观感，再现了怀庄任人唯"亲"的真实意涵。

任人唯"亲"并未导致山头文化的出现，还有一个非常重要的因素，就是怀庄创始人始终团结一心。怀庄当家人陈果、陈绍松（及其子陈启龙），在分工上内外有别（一个主外一个主内），在决策上有商有量（小事口头讲、大事会上讲），为人处世光明磊落。

在我们看来，家族企业的老大往往是"霸道总裁"，威权不容置疑。怀庄实行的却是民主管理制度，两位老大不但不霸道，反而很亲和——人格魅力爆棚。老大们作了这么好的示范，底下的人，自然就形不成山头文化。

唯才是举：怀庄的用人之道

唯才是举是一个人人都懂的道理，也是事业可持续发展的重要保障，但是能真正落实到行动上的却不多见。怀庄，就是这"不多见"中的一员。

怀庄对德才兼备、表现突出的员工大胆提拔重用，不论出身如何、不论亲疏远近。张小红是初中毕业生，2005年到怀庄。她勤奋刻苦学技术，团结员工顾大局，保质保量完成工作任务。2008年就被提拔任命为车间副主任，2012年起任车间主任，至今仍然与全车间的100多名员工奋战在第一线。

青年员工李光荣是高中毕业生，为人正派，讲诚信，懂管理。经常为公司的发展提建议、出主意，很快被提拔担任公司办公室主任、工会副主席。

销售总经理罗文献，进怀庄之前在重庆的一家旅游公司干了6年。"搞过采购，管过餐厅，管过客房，参加过导游资格考试。"父亲过世后回到家乡，在餐厅当过厨师，后来在夜市摆摊。"有一天晚上，董事长和总经理开车到我这里，停下来聊了一会儿后说，你来怀庄上班。"熟知怀庄创业故事的罗文献备受鼓舞，当即决定放下夜市生意，加入怀庄。因社会经验丰富、能力出众，快速从一名普通的营销人员成长为销售总负责人。

大学毕业生田云昌，政治素质高、文化素养好，作风正、能力强。到怀庄工作不久，就任命他为公司办公室主任、董事长助理。很快，被选举为集团公司党委副书记，提拔任命为集团副总经理。

怀庄用人之道的另一独特之处，就是真心鼓励员工创新、真金支持员工创业。怀庄销售副总刘浩洋学的是中文专业、干的是教师行业，从体制内辞职后，陈果董事长让他负责办公室的工作。他干了几月后主动申请去做销售，不拿底薪只拿提成、自己组建团队的销售。

这和当时流行的到各地设立办事处做销售的模式完全不一样。董事长也没接触过这个新模式，但是很欣赏他这种魄力，且相信他能够干好。当即表示支持，把公司新配的两台车借了一台给他。就这样，刘浩洋的积极性被调动起来，销售业绩噌噌往上涨。新模式的成功，奠定了怀庄独特销售模式的基础，并为仁怀其他酒企效仿。

任人唯"亲"和"唯才是举"是两个完全相悖的人才理念，但是怀庄却让二者相得益彰。奥秘在哪里？其实上述分析已给出了答案。任人唯"亲"主要是在招聘环节，"唯才是举"主要是在使用环节。也就是说，凭"关系"进入怀庄后，想"进步"就得靠才能。

第三章 党建怀庄

中共仁怀市委组织部文件

仁组复〔2016〕95号

中共仁怀市委组织部
关于同意田云昌同志为怀庄酒业（集团）公司
党委专职副书记候选人的批复

中共贵州怀庄酒业（集团）公司委员会：

《关于推荐田云昌同志为怀庄党委专职副书记的请示》收悉。经研究，同意田云昌同志为党委专职副书记候选人，请按程序进行选举，并将选举结果报市委组织部组织科。

特此批复

中共仁怀市委组织部
2016年7月1日

中共仁怀市委组织部办公室　　　　　2016年7月1日印

上级组织关于怀庄集团党委专职副书记人选的文件

2016年7月1日，中共仁怀市委组织部下发批复文件，同意田云昌为怀庄集团党委专职副书记候选人。田云昌在怀庄的成长经历，是怀庄识人、用人之道众多典型案例中的一个。

大爱无言：怀庄的留人之道

怀庄从来没有主动开除过一个员工。选择了怀庄的员工，无论是公司高层、中层，还是一般员工，都很少有离职的。这一现象在民营企业是罕见的，即使在国有企业，也是少见的。怀庄到底使了哪些"妙招""奇招"，让员工对公司形成如此强的黏性，进而形成超稳定结构？

把员工利益置于企业利益之上。

"从不拖欠工资""工资比外面高"是怀庄坚守多年的不成文规定。怀庄人——无论是正式聘任的员工还是临时聘用的劳力，从来不需要担心工资收不到。每月20号，工资就会足额打到卡上，从不间断。即使在公司最困难的那几年，公司"家徒四壁"，董事长和总经理四处贷款，首先就是为保障员工工资正常发放。陈侠舟回忆道，董事长经常说，不管公司再难，哪怕我欠银行的钱，都不会欠你们一分钱。怀庄不但从不拖欠工资，而且做到工资比周边企业的要高一些。"高一些"，一方面是怀庄尽力而为，另一方面也不至于引起同行的"抗议"。

让员工找到"家"的感觉。

怀庄给人的印象，更像一个家。在这个家里，人人平等、人人都能得到家的关心和温暖，人人都可以表达意见和诉求。陈果董事长无论遇见谁，都是笑脸相迎。陈启龙总经理虽然不苟言笑，却用行动解员工之忧。

数十人的访谈结果显示，两位老总的高尚品德和人格魅力，是怀庄人不愿离开的核心密码。我们问赵海："你觉得是哪些因素让大家留下来？"赵海说："第一是因为老人家的人格魅力，怀庄让我很感恩，就想拼命地好好

第三章 党建怀庄

地干。"销售副总经理王玉琳说:"不止我一个人,我的孩子都在怀庄里干销售。怀庄是我永远的家,不是我自己,还有我的下一代。"同为销售副总的胡益也说:"我在怀庄能找到一种感觉,就是家的感觉。"

在敖世群的言说中,对怀庄的感激之情溢于言表:"其他酒厂也喊我去,我一直没有去,我觉得在怀庄就可以了。进怀庄就当成自己的家,怀庄把你当成一家人,关心照顾你,我没有想过去其他地方,一直在这里面。"

平日里,东家有喜事、西家有丧事,怀庄高层都要参加。逢年过节的,两位老总还要请员工到家里吃饭。而"危难之处显身手"的事,则是经常发生的。

没有打卡机的上下班。

用现代技术手段管理员工,是绝大部分单位的通行做法。我们在怀庄三个厂区走了几圈,却看不到一个打卡机。这就让人纳闷了:怀庄员工大部分都是农民,不打卡,能自觉按时上下班吗? 随机采访多名员工,他们均表示,不打卡上下班,比打卡上下班还自觉,工作时间也更长。这是为什么呢?

公司办公室副主任胡建华解释道,开放式的上下班制度管的是人心,而不是人的手脚。开放式上下班,给人一种我反而还要提前上班,下班以后还要自愿加班的意识。他曾在另一酒企上班,感受完全不一样:"打卡不打卡真的是天壤之别,不打卡我还更加自觉地上班。"他说,"今天的事情没干完,干完才愿意走。"

采访中,我们深深地感受到了怀庄给员工的归属感,深深地感受到了员工对怀庄的依恋感。这是一种双向奔赴的爱,互相成就的爱。

至此,我们发现,怀庄的人才观虽然独特,却很朴素。虽然朴素,却很管用。它没有恢宏大气的制度设计、没有洗脑式的口号标语,只有一颗为怀庄可持续发展聚人才的初心,只有一颗为怀庄员工谋幸福的真心。

全国模范职工小家

> 怀庄的工会工作，可圈可点。在关爱员工成长、关心员工子女等方面，做了大量有效的工作。让企业真正成为员工的家，从而获得"全国模范职工小家"光荣称号。

怀庄"让我不惧风雨，勇敢地向前进"

"大树般的怀庄支持着我，守护着我。让我不惧风雨，勇敢地向前进。我自豪我的背后有着怀庄。没有怀庄就没有我的父母和我的今天。在今后的路上，我将牢记怀庄给我的一切。无论在哪儿，我都会秉行陈果董事长所说的德字当先，努力将德行兼备做到最大化。进入大学后不断进取，充实自己的思想，刻苦学习，勤俭节约，用成绩回报社会，回报怀庄。以后，我也会尽自己所能，将这份爱心传递下去，帮助更多的人。"

怀庄老员工蒋开富夫妇的女儿蒋欣余，在考上大学后写给怀庄的一封信中，写了上面的这段话。类似的信，怀庄每年都会收到很多。

这源于怀庄"金秋助学"的惯例：为考上大学的员工子女，资助一定数额的经费。由此也逐渐形成了怀庄独特的传统。

实际上，关心员工子女，是怀庄对员工关心爱护的延伸。怀庄对员工的关爱是全方位、全过程的，也是全心全意的。

第三章　党建怀庄

关爱员工，何以怀庄？

从历史维度看，起步早和成效好是怀庄的突出特点。

早在2001年，怀庄就成立了工会，是仁怀市较早成立工会组织的民营企业。由于高起点高标准开展工会工作，怀庄成立工会仅仅5年，就被评为"贵州省模范职工之家。"10年后，坛厂基地工会小组被中华全国总工会授予"全国模范职工小家"称号。2010年，怀庄成立了关心下一代工作委员会，由董事长陈果任关工委主任。由一把手担任关工委主任，这在民营企业恐怕是绝无仅有的。

工会和关工委成立后，怀庄就一年一个台阶，年年都有荣誉。工会成功创建仁怀市"五型"工会示范点，成功摘取贵州省五一劳动奖状，贵州省劳动关系和谐企业等重要荣誉。公司关工委荣获仁怀市"三型五强"关工委称号，公司关工委主任陈果荣获遵义市"当代乡贤"和仁怀市"最美五老"称号。类似荣誉，不胜枚举。

从制度维度看，制度先行和与时俱进是怀庄的鲜明特征。

怀庄一开始就在制度上为维护员工利益、关爱员工成长提供保障。从早期的《厂长训示》到后来的《员工手册》，从厂务规范到厂务公开，从完善职工代表大会制度到建立关心下一代工作制度，从劳动保障制度到员工培训制度，怀庄的制度建设都是走在仁怀民营企业前列的。我们看得出，怀庄的制度建设是紧贴党和国家政策的。党和国家关于企业管理的政策到哪里，怀庄的制度设计就跟进到哪里。这也许是怀庄历经40年风雨而一往无前的原因之一。

从实践维度看，开个好头就形成惯例、带个好头就带动全厂，是怀庄的

独特智慧。

创办怀庄公益社，公司每年注入资金已成为惯例。公司高层带头捐款也带动了员工积极捐款，确保公益社行稳致远。举办文体活动，从最开始的庆祝"五一劳动节"开始，慢慢地扩展到每年的三八妇女节、国庆节、重阳节以及春节等，都要组织员工举办各类活动。由于有公司高层亲自倡导、带头参加，也逐渐提高了员工的参与积极性。

这体现出了怀庄难能可贵的地方，就是领导带头、不断创新、善抓落实、持之以恒。这种以上率下的行动力和执行力是令人感佩的。翻看公司大事记，记录最多的内容，就是举办的各类员工文体活动、关心员工工作生活和员工各类获奖荣誉。

怀庄公益社挂牌成立

2014年5月，以"和谐怀庄·大爱无疆"为宗旨的怀庄公益社挂牌成立，是怀庄开展公益活动的重要平台。

关爱员工，怀庄何为？

怀庄对员工的关爱，以下几个方面是值得记录的。

关爱员工，最重要也是最基本的，就是关心员工的生命和健康。怀庄把安全生产当作"厂之大者"，当作天大的事来抓。成立安全生产领导小组，由总经理担任组长。建立安全生产管理人员网络，实行安全生产网格化管理。与员工签订安全生产责任书和消防安全责任书，强化个人安全意识。

对从事特殊岗位的员工，如电工、叉车司机、焊工等，均要求持证上岗。制定专项岗位操作规程、生产经营单位安全生产事故、职业健康安全事故应急措施和救援预案。

怀庄对员工的尊重，给我们留下了特别深刻的印象。在马斯洛的需求层次理论中，对尊重的需求属于层次较高阶段的需求，仅次于自我实现，它能使人对自己充满信心、对工作充满干劲、对社会充满热情。怀庄不一定懂得这一理论，但却深谙其道，把尊重员工摆在了突出位置。

总经理在每年的工作报告中，都会一一点出过去一年爱岗敬业员工的名字，并致以衷心感谢和崇高敬意。比如，在作2019年工作报告时，总经理陈启龙一口气念出了陈侠舟、雷富敏等17个员工的名字。姓名出现在总经理的工作报告中并向全体员工宣读，这对一名基层员工来说，是多么大的荣耀啊。而在平时，怀庄都会对生病住院的员工、困难户进行慰问，员工家里有婚丧嫁娶，公司领导也会亲临现场表达心意。

怀庄注重培养员工的主人翁意识和主人翁精神，逐渐形成了"我为怀庄、怀庄为我"的文化氛围。坚持每年召开一次职代会，听取员工意见和建

议。每制定一项制度都广泛征求意见，在厂务公开栏上公开。怀庄发展面临的困难和问题，也及时和员工沟通，和员工共同应对。

通过组织开展"我为企业发展献一计""我为怀庄能做什么、希望怀庄为我做什么""结对帮扶""岗位技能大比拼"等活动。公司上下之间、内外之间，逐步形成企业、员工共同参与、共同发展的机制，从而不断提高企业整体工作水平。在仁怀市同行业的大比武中，怀庄每次必出征、出征必胜利。怀庄的凝聚力向心力团结力，员工的参与感奉献感荣誉感，正是源于这种主人翁意识和主人翁精神。

关爱员工，还体现在扶危济困、守望相助上。俗话说，锦上添花易、雪中送炭难。而把雪中送炭做成惯例、形成传统、养成文化，就更是难上加难了。

2016年，公司工会联合怀庄公益社，为丈夫身患胃癌导致家庭困难的员工罗显英举行捐款活动。短短一天时间，就募集到善款22770元。2018年，坛厂基地包装车间员工汪婷婷的儿子检查出先天性心脏病，一家人因高昂的医疗费陷入拮据。怀庄公益社获悉后，立即组织员工开展公益捐赠活动，共捐款36000元。

诸如此类的"雪中送炭"，在怀庄每年都会组织好些次。一次又一次的"雪中送炭"，帮助一家又一家渡过难关，温暖了员工的心，也凝聚了员工的心。

至此，也就明白了，怀庄斩获"贵州省模范职工之家"、中华全国总工会"全国模范职工小家""模范职工之家"等荣誉称号，都是理所应当的事。

模范怀庄，值得模范。

荣誉证书

贵州怀庄酒业(集团)坛厂基地工会小组：

近年来，你单位在工会工作中做出了优异成绩，特授予全国模范职工小家称号。

中华全国总工会
二〇一五年十二月

荣誉证书

贵州怀庄酒业(集团)公司工会委员会：

近年来，你单位在工会工作中做出了优异成绩，特授予全国模范职工之家称号。

中华全国总工会
二〇一八年九月

怀庄工会工作成绩

2015年12月和2018年9月，中华全国总工会授予怀庄"全国模范职工小家""全国模范职工之家"称号，以表彰怀庄在工会工作中做出的优异成绩。

对这片土地爱得深沉

> 在陈果的多重身份中,最耀眼的应该是政协委员、人大代表了。提案多,发言积极,爱讲真话、实话,是大家对陈果的总印象。用陈果自己的话说,都是因为"对这片土地爱得深沉"。

有人用镜头定格家乡之美,有人用文字记录家乡之变。陈果则用一个又一个提案建议,表达着对家乡酒都仁怀的爱。

陈果说:"每一件提案,每一个建议,都是一幅美好的生活愿景。希望我的提案建议能为家乡种好幸福树施一点肥,洒一点水。"

陈果说:"我生于斯,长于斯,将来也要长眠在这片土地上。我满腔热忱给家乡发展挑刺、向党委政府建言,是因为我对这片土地爱得深沉。"

陈果于1987年10月当选仁怀县第十届人大代表起,代表(委员)的身份就一直伴随他30多年。在这30多年时间里,曾当选遵义市、仁怀市、茅台镇三级党代表,仁怀市政协委员连续担任了6届,遵义市和仁怀市人大代表分别担任了2届。

陈果先后当选茅台商会负责人、白酒行业协会主要负责人等社会职务,还获评贵州省劳动模范、遵义市当代乡贤等,担任过20多个部门的行风行纪监督员,受聘为19个行业单位的名誉会长或顾问。

第三章　党建怀庄

珍惜党和人民赋予的神圣职责

代表和委员,是陈果异常珍视的"身份"。他说,党代表和人大代表履职,就是要听人民呼声、解人民忧患、替人民进言、为人民尽职;政协委员参政议政,就是要做到帮忙不添乱、尽职不越位、切实不表面。漫长的履职生涯里,陈果逐渐形成了对代表和委员的独特理解。他认为,参政议政就是多说话,"不说白不说,直到不白说。"他笑称,语气中夹着自豪。

长期撰写提案的实践,使陈果深深认识到,写好提案建议,最重要的一条就是要有奉献精神,而奉献精神的最高境界就是无私。"心底无私天地宽,我为人民写提案"的理念,伴着他走过了30多年的代表、委员生涯。

每年"两会"前的2个月,是陈果最为忙碌的时间。他往往要提前很长时间调研、梳理、思考,为撰写提案建议做好充分准备。用同事的话说,就是:不是在调研,就是在调研的路上。不是自己亲自写提案建议,就是在联络其他代表委员联名写提案建议。

30多年来,陈果已经记不清自己到底提交了多少提案建议。反正,在代表、委员中,属于积极分子中的积极分子。很多代表、委员也被他的认真和执着感动,和他联名提出了很多提案和建议。所以,他连任三届仁怀市政协常委、提案委委员,也是众望所归。而让人没想到的是,陈果对数十年参政议政所提建议和提案大都保存起来了,并于古稀之年汇编成册,自费印刷,洋洋数十万言,名曰《参政议政文集》。

策 划：田云昌
编 辑：罗正超
校 稿：吴德伟
封面题字：杨承宗

人文茅台系列丛书
《茅台德庄》之十四

⑭ ⑭ ⑭

参政议政文集

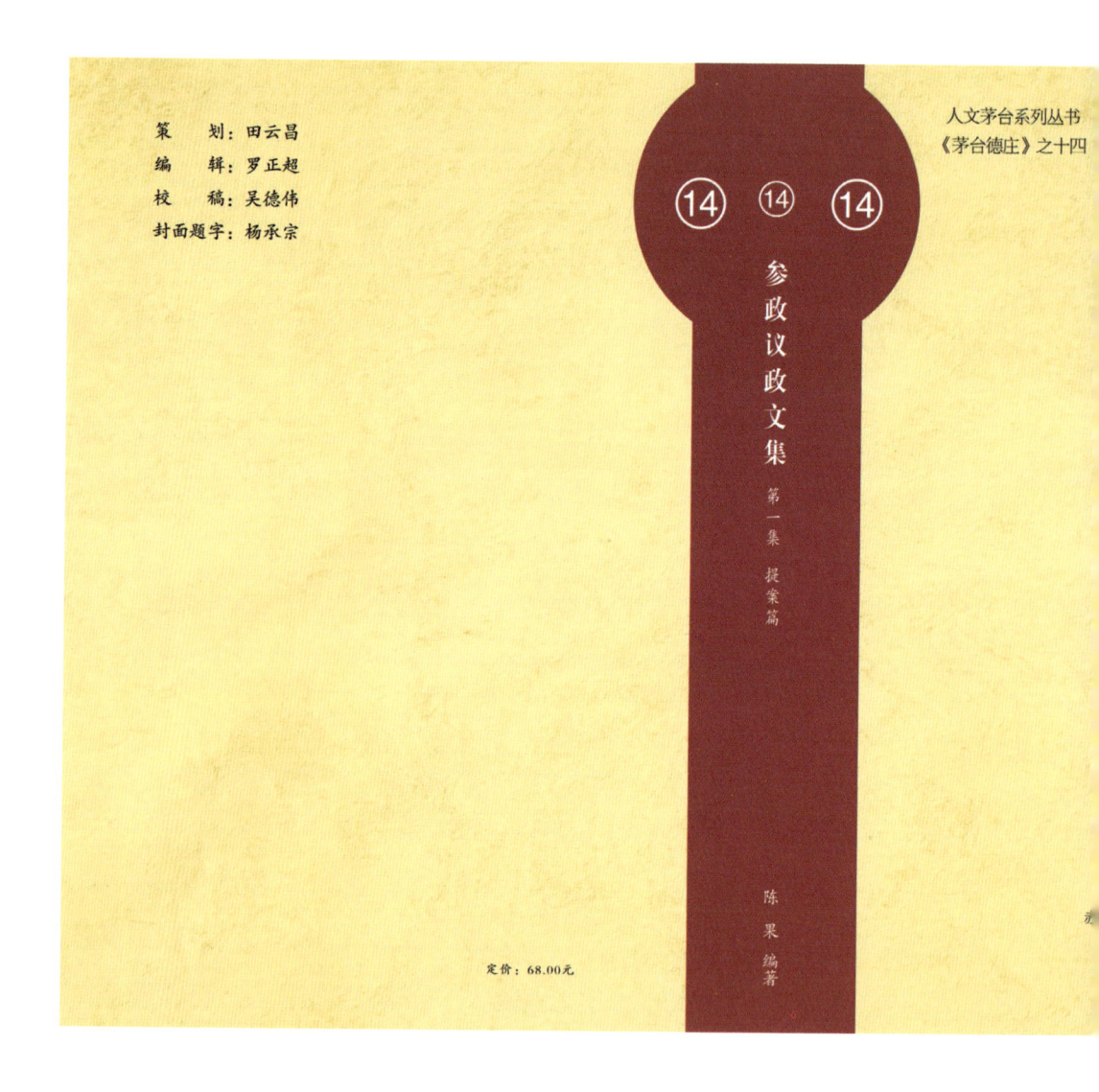

第一集 提案篇

陈果 编著

定价：68.00元

陈果参政议政资料汇编

　　两厚册参政议政资料，记录了陈果数十年如一日为地方经济社会发展的持续付出。

第三章　党建怀庄

目 录

序《回忆我的骄傲时光》 ………………………………………… 陈 果(1)

任仁怀市政协委员的提案

认识提案　写好提案 …………………………………………………(2)
制定合理开采使用地下煤矿资源规划。
　　提案时间：二 00 五年二月十八日 ………………………………(6)
充分利用本地投资发展煤炭企业。
　　提案时间：二 00 五年二月十八日 ………………………………(9)
公开市财政企业扶持使用情况让扶持资金产生实际效果。
　　提案时间：二 00 五年二月十八日 ………………………………(12)
建立政府部门实行问责制度,增强政府部门的服务意识
　　提案时间：二 00 五年二月十八日 ………………………………(14)
2005 年度优秀提案、提案办理先进单位、先进个人
36 号提案：《建立政府部门实行问责制度,增强政府部门服务意识》
　　………………………………………………………………………(17)
尽快解决酒都新区建设中的遗留问题
　　提案时间：2006 年 2 月 17 日 …………………………………(19)
切实解决中茅城区生产生活用水难问题
　　提案时间：2006 年 2 月 17 日 …………………………………(22)
修通巴竹沟断头公路繁荣地方市场经济
　　提案时间：2006 年 2 月 15 日 …………………………………(26)
加大农村公路建设投入,尽快改造硬化茅台南坳至盐津河电站的公路
　　提案时间：2006 年 2 月 16 日 …………………………………(30)

参政议政为家乡

翻阅这部《参政议政文集》，我们在为陈果丰富的阅历、过人的精力、辛勤的努力、组织协调的能力钦佩不已，更为他希望家乡变好变美的桑梓之情而感动。家乡的一山一水、一草一木、一路一屋、一产一业，是贯穿他30多年参政议政的一条主线、一条红线。

以2006年为例，陈果单独撰写或联名提交的提案，多达17件。关于经济发展的，有酒都新区建设遗留问题、解决城市扩建企业搬迁用地、强化酒类生产经营秩序、开发仁怀境内赤水河上游旅游业等。关于交通建设的，有修通巴竹沟断头公路、硬化茅台南坳至盐津河电站公路、搬迁茅习公路收费站、加大村级公路硬化投入等。关于历史文化的，有加强地方历史人物宣传、异地修复茅台"荣禄宫"、保护酒都地域品牌、尽早完成茅台镇风貌改造等。关于民生的，有加强殡葬一条龙服务、解决中茅城区生产生活用水难问题。关于教育的，有修建仁怀二中办公楼和学生宿舍，恢复仁怀二中高中招生等。

历年来，陈果提出的建议或提案，由于选题精准、调研扎实、措施得当，往往推动了具体问题的妥善解决，促进了当地经济社会健康快速发展。如尽早修建茅台二桥确保茅台河东西两岸交通永久畅通，加强招商力度推动仁怀经济建设，仁怀名酒工业园特事急办修建路网和水管网，开发仁怀南部现代农业同步推进特色小城镇建设，切实解决名酒工业园区企业水、电、路基础设施和土地征用、房屋拆迁、坟墓搬迁难题，维持赤水河鱼类生态平衡，帮助酒类规模企业解决银行贷款，进一步加大仁怀酱香酒宣传力度，优化遵赤高速仁怀段沿线景观特色文化打造，办好仁怀市"三节一会"推动茅台祭水节申报"省

第三章　党建怀庄

级非物质文化遗产",加快形成世界级酱香白酒产业集群,支持和鼓励新建生态环保污水处理企业,强化仁怀酱香酒生产用红粮保障等。

陈果的"得意之笔"

在陈果履职生涯中,印象最深、令他最为自豪的,是推动了仁怀市七处全国重点文物的立碑标识保护。这个故事还要从13年前讲起。

2010年,陈果在调研中无意中发现,茅台渡口是红军四渡赤水战役的重要渡口之一,竟然没有立碑标志为文物保护单位,且显得破旧不堪。一向重视文化传承的他,敏感地意识到这个问题的重要性。

回到办公室,他立即上网查询全国重点文物保护单位名录。发现早在2006年,包括茅台渡口在内的红军四渡赤水战役旧址,就已列入第六批全国重点文物保护单位。为何全国重点文保单位却陷入如此境地?是重视不够还是缺钱缺人?其他革命文物保护怎么样?

带着这些问题,陈果实地考察了鲁班红军烈士墓、红军鲁班场战斗遗址、长岗毛泽东住地、红一军团干部会议旧址、红军医院遗址、梅子坳毛泽东住址、刘伯承拔枪打乌鸦处等红军四渡赤水战役旧址。向市文体广电旅游局了解了相关情况,走访了专业人士。

在2011年仁怀市"两会"上,陈果提出专门的提案。他建议:一是应从巩固党的执政地位的高度,把保护利用文物特别是革命文物纳入工作日程,认真研究、及时解决文物保护利用中出现的问题,把保护文物的好事办实。二是要加大资金投入,做好红色文物和其他历史文物的普查工作。三是要加强对现

已批准的各级文物保护单位的修缮和保护力度。四是要对"红军四渡赤水战役七处旧址",立碑标识"全国重点文物保护单位"。

提案提交后,得到仁怀市政协的高度重视,列为当年度重点提案,明确市文体广电旅游局为主办单位。数月后,市文体广电旅游局回复了办理结果:鉴于对国家重点文物保护单位的修缮有严格规定,要求修缮方案必须是全国甲级资质单位的文物专家队伍编制。已邀请省文保中心对几处全国重点文物保护单位进行勘测设计,编制文物修缮方案,经省文物局组织专家评审,上报国家文物局申报项目、争取资金。同时严格按照文物保护"四有"要求,加强对全市文物保护规范化、制度化、科学化管理。立碑标识"全国重点文物保护单位"的建议,迅速得到了落实。

为参政议政奔走呼吁,陈果虽然耗费了金钱、耗费了精力,甚至牺牲了谋划和推动公司发展的时间。但是,他无怨无悔:大家好,才是真的好!

的确,一枝独秀不是春,满园春色才是春。仁怀的经济社会发展史上、仁怀的参政议政史上,都应该留有陈果和怀庄的一笔。

第四章　品牌怀庄

追寻怀庄品牌发展的 40 年，从注册商标到诸多荣誉，展现了怀庄品牌构建的独特路径。坚守传统大曲酱香型白酒酿造工艺，严守产品质量关，强化市场营销，致力于构建开放、共享的共富平台，是怀庄品牌构建的成功经验，也是其行稳致远的根本保障。

品牌是什么？

"现代营销学之父"菲利普·科特勒的定义是：品牌是销售者向购买者长期提供的一组特定的特点、利益和服务，蕴含属性、利益、价值、文化、个性、使用者等三个层级六项内容。品牌的核心是产品，品牌的灵魂是企业文化所传递的世界观和价值观。

怀庄40年创业兴盛路，就是40年品牌建构路。怀庄能在中国酱香白酒核心产区异彩独放，成为酱酒旗帜"三台一庄"的一员。不仅仅是因为怀庄稳定优良的酒体、稳健顺达的营销，更是消费者对怀庄40年笃行不辍的守初心、尊文化、强品质、乐共享文化的深度认同。

一杯酒五钱量，但在怀庄人心中历来重逾千钧。怀庄40年，因怀庄人笃信的产品观、企业观、社会观和价值观的持续附集而日益醇厚，托载怀庄安然度过每一次白酒市场严冬，也必将引领怀庄走向更加辉煌的明天。

怀庄40年
一个酱酒品牌的发展史

品牌建构：从山村小厂到中国驰名

从一枚手绘商标起步，坚持走自己的路，40年昂首阔步、砥砺前行，怀庄成长为中国驰名商标，成为中国酱香白酒核心产区"三台一庄"的一员。

1983年8月，怀庄在赤水河畔的小山村德庄奠基，从当初的弹丸小厂到如今拥有数百口窖池的酱酒名企，从当初的8人创业小队到如今逾千人的产业大军。40年星移斗转，怀庄的品牌建构始终在路上。持续塑造品牌内质，持续完善品牌结构，持续优化品牌生态，40年努力终成大器。荣膺贵州老字号、中国驰名商标等数百项荣誉，使怀庄成为酱香白酒核心产区获得表彰最多的民营企业。

一枚手绘商标的精彩缘起

对钟情于怀庄的消费者来说，最熟悉不过的，是怀庄酒"一山、一水、一企"组成的商标图案。只是很少有人知道，这枚在中国民营白酒企业界拥有巨大品牌号召力的商标，最初的样貌只是用颜料笔涂画在一张微皱的白纸上。

20世纪80年代初，改革春风拂过赤水河沿岸，民营白酒企业破土而出。与茅台一起，为仁怀酱香酒产业肇始开篇。这其中，1983年建厂的怀庄适逢

第四章　品牌怀庄

其会、赫然在列。

怀庄最初的厂房，在中华乡的德庄，紧邻赤水河的几间瓦房。陈果对于当初的记忆很清晰：建厂开始没有商标，直接卖散酒。因为怀庄的酒质量好，在仁怀一些零售店里，就开始有冒充的，且这种现象不在少数。陈果与陈绍松商量："有商标的酒肯定比没有商标的酒好卖。同时有了商标，别人就不能乱冒充我们家的酒了。"

商标、品牌，这些在当年都是模糊的新锐词汇。中国第一部知识产权专门法律《商标法》，1983年3月1日才颁布施行。据陈果回忆，当时商标注册部门不强行要求，企业愿意注册就注册，不想注册就不注册。国家虽然提倡，但不强求。他们当时就想，既然国家颁布《商标法》，那么以后商标肯定很重要。他们认识到，需要注册一个商标，作为区分和识别自己产品的符号，保护自己的权益。这既是一种灵敏的反应，也凸显了高卓的经营远见。

说干就干。申请注册商标首先得有个"名号"，叫什么好呢？

陈果回忆说，有好几个备选。因为当时酒厂的名气，还得数茅台。所以备选名中，沾"茅"和"台"字的也有。但思来想去，就用自家酒厂的名号，定名"怀庄"。

"当然，除了吻合企业地域标识外，我们也看中它很好的引申义，巧妙地契合了我们对于这个企业的期望与愿景。"陈果进一步解释说。

"怀"有包容、包涵、聚积之意，引申为海纳百川、有容乃大，集腋成裘、积少成多。"庄"繁体写作"莊"，寓意草木丰茂，人杰地灵。《汉语大辞典》里的"庄"，有四面八方、四通八达之意，愿企业兴旺发达。

把"怀"和"庄"两字组合，不仅把行政区划的名称和生产地包含进去。进而与中国传统文化高度契合，反映怀庄的发展愿景。一个精巧而富有历史底蕴和文化内涵的名称，就此诞生。

贵州省著名商标

怀庄商标

这枚使用至今的商标，已经具有了独特的含义。

商标名称确定后，就开始商标图案的设计。陈果回忆说，当时就请赵登碟老师到中华乡的家里，画商标图案。他问我怎么画？我说酒厂在赤水河边，你就画一条河。厂房在河岸上，厂房背后是笔架山，你这样画出来就可以了。赵老师根据描述，当场就草画了怀庄的商标图案。"当时没有电脑，那个图案用颜料笔画的。"

1984年底，怀庄商标申报的资料准备就绪。1985年初，向国家商标局提交商标申请的全部资料。1986年10月20日，"怀庄"牌注册商标正式注册成功，注册号为266518，怀庄品牌建设顺利迈出最坚实的一步。

第四章　品牌怀庄

怀庄商标注册证

1986年，怀庄牌商标成功注册。其后，商标、产品、生产主体名称均使用"怀庄"牌号，共同助推怀庄品牌走向更广阔的空间。

　　怀庄不但是仁怀较早注册商标的民营企业，也是中国民营白酒企业中较早注册商标的企业。这枚有近40年历史的注册商标，在企业精质量、强管理赋能加持下，先后荣膺贵州省十大注册商标、贵州老字号、中国驰名商标，堪称改革开放后中国民营白酒企业注重知识产权保护的历史见证。

　　这枚商标所折射的理念，即使是放在40年后的今天审视，也依然光彩夺目。有山有水，生态优先。责任如山，宽厚如水。企业发展受惠于青山绿水，又反哺守护绿水青山，建构的是人、企、自然的大和谐。也许当年只是一种感觉，但正是这种刻在创始人内心深处的文化理念和价值追求的自然流露，才足以真挚，更见坚韧，历久弥新。

走怀庄自己的路

怀庄是茅台镇最早的民营企业之一，同时也是存续至今的企业。大浪淘沙，同时代的一些民营酒企，要么在风浪中倒下，要么在资本前迷失，湮灭在历史烟尘中。唯有怀庄一直坚守自主品牌，披荆斩棘走到今天。

1997年就进入怀庄的敖世虎，现在已是怀庄的一位"老人"。他坦言，很久以前，就有人来问他们仿不仿茅台。每一次都是相同的回复，那就是"不"。在敖世虎看来，这不仅是违法的事情，更是维护自己品牌的事情，是长久大计的事情。"你去冒仿人家卖假酒，你的品牌就完蛋了。"很多走这条路的小酒企小作坊，在白酒严管和市场遇冷的冲击下，要投入没投入，要品牌没品牌，市场一洗牌就被彻底洗掉了。

对于坚决不仿茅台，怀庄的认知层次更高。中国酱香白酒核心产区酿酒产业的发展，除了地方政府的大力支持之外，还得益于产区有茅台酒厂这样的行业大旗。产区其他企业在生产和销售中，坚决不能给茅台酒抹黑，要自觉维护茅台酒的品牌地位。茅台酒的品牌越响亮，其他酒企发展才越好。

在陈果的印象里，白酒产业在近几十年间，遇到过多次"大考"。每一次"过坎儿"，都是对酒企的生死考验。为了自救，仿造、贴牌、并购、注资，各家酒企八仙过海各显神通。好些品牌都选择了最佳最便利的生存方式，不自觉间把品牌放在了次要位置。

怀庄走的，是一条属于自己的路。

近年来，受资本市场青睐，大量跨界资本、外埠资本和知名企业大规模进入赤水河谷，仁怀酒企迅速进入合营、并购、上市风口。

怀庄新生代陈元坦言，大企业并购和资本进入怀庄的想法，从来没有消停过。10多年前就有资本欲包装怀庄，借壳上市。2012年，某知名龙头企业带着政府意图两次商谈并购。最近5年，至少有3家外埠资本意欲并购。但怀庄审慎判断后，依然选择自主品牌的稳健发展道路。

"资本一到，要么换牌子，要么就是扩产。酱香酒的质量，是要靠长时间醇化来实现的。压缩环节和时间的扩产，纵然牌子还在，也往往名存实亡。"陈元说。

如果仅仅从收益的角度看，资本的进入，一夜之间就能轻松博取十倍数十倍甚至上百倍的收益，做出回绝的决策是很艰难的。但也更凸显了怀庄对于自主品牌的珍视。

如今，怀庄三大基地建设已全部完成，银行贷款和借贷全部还清。企业产销质效和品牌知名度，稳进仁怀前十。瞄准"打造中国一线品牌白酒、打造中华百年老店"，全新的"双打造"品牌战略擘画正在完善，建构百年品牌和百年企业的宏图正在稳健实施。

怀庄对品牌的珍视和坚守，迎来了品牌大发展的最佳回报期。

400多次表彰荣誉

数据显示，怀庄成立至今，品牌建设取得了显著的成就。已荣获国家（部）、贵州省、遵义市、仁怀市、茅台镇表彰400多次，是仁怀市获得表彰最多的民营企业。

怀庄40年
一个酱酒品牌的发展史

怀庄荣誉墙

数百项荣誉，是怀庄的底色、底蕴和底气。

  细数这些靠实绩得来的各种褒奖，涵盖了怀庄在质量建设、公司管理、诚信经营、党群工作、社会责任担当、综合实力提升等各个工作剖面，贯穿了怀庄从建厂至今的全过程。

  1987年7月，也就是怀庄商标成功申领的一年后，就获得了当时遵义地区的质量管理合格奖。这是怀庄首次出现在地区级的荣誉榜上。

  1988年12月，怀庄喜获贵州省乡镇企业局质量"金凤杯"奖。这是怀庄首次晋榜省级荣誉。

  1996年，怀庄酒荣获"96中国名优食品博览会金奖"。这是怀庄首次斩

第四章　品牌怀庄

贵州怀庄酒业(集团)有限责任公司"怀庄牌"怀庄酒

贵州名酒提名奖

2011—2013

贵州省人民政府
2011年8月11日

贵州名酒提名奖

2011年，怀庄牌怀庄酒荣获贵州省人民政府颁发的贵州名酒提名奖。

获国家级殊荣。

40年来，怀庄通过不断提高产品质量，履行社会责任，服务好每一位消费者，服务产区和地方发展。不断推升怀庄品牌从弱小到强大，从单一到丰满，从稚嫩到成熟。

据不完全统计，怀庄共获得省级表彰数十次，2006年"怀庄"牌注册商标获评"贵州省著名商标"、2011年怀庄酒获贵州省人民政府"贵州名酒提名奖"，2018年获得"贵州老字号"称号，都是极具号召力的荣誉。共获得国家级荣誉数十项，其中包括含金量极高的2008年全国首届企业发展与新农村建设"百姓喜爱优秀企业500强"、2015年中国驰名商标等。

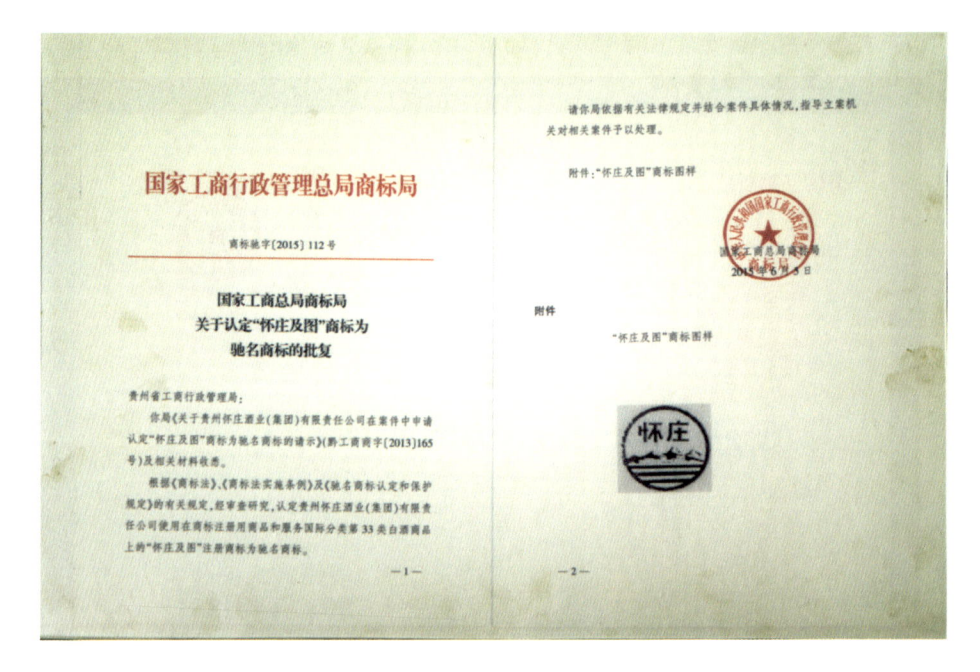

怀庄荣获中国驰名商标认定

2015年6月5日，国家工商行政管理总局商标局下发批复文件，认定"怀庄及图"为中国驰名商标，表明怀庄在中国是被公众广为知晓并享有较高声誉的商标。

    这些荣誉，见证了怀庄品牌发展路上的千辛万苦，实实在在地丰富着怀庄的内涵。它们既是消费者认识怀庄、了解怀庄的主要窗口，也是怀庄走出贵州、走向全国的通行证。

    与怀庄品牌不断获得认可同步，怀庄的创业者也获得了一系列表彰。创始人陈果多次获得全国、省、市表彰，其中2004年荣获"中华人民共和国第五届全国乡镇企业家"称号，2005年被贵州省人民政府授予"贵州省劳动模范"荣誉。

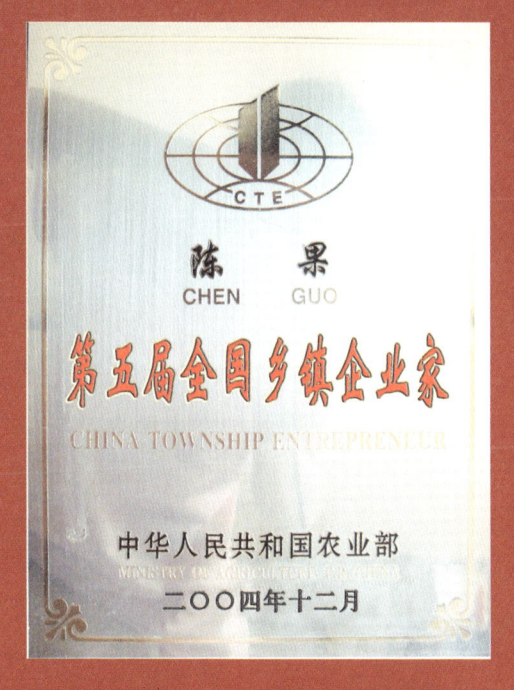

陈果获"全国乡镇企业家"称号。

全国乡镇企业家评选采用自下而上推荐的办法，连续入选"全国乡镇企业家"，表明陈果和怀庄的奉献得到国家和各级地方政府部门的高度认可。

荣誉等身的怀庄，不断向外界传递着拼搏、向上、创新、担当的品牌符号。成长为业界公认的中国酱香白酒核心产区代表企业"三台一庄"中的一员，越来越多的人信任怀庄产品，探询怀庄路径。

目前，每天都有很多人前往怀庄。不是买酒，而是探访观察这个心目中的传奇企业。负责接待的宋小青说，一般都有上百人，多的时候会有三五百人。这样的接待量，堪比一个小型景点。

第四章 品牌怀庄

品牌管理：严苛质控铸牢根基

> 优异的产品品质，是品牌的强固根基。怀庄坚守传统大曲酱香型白酒酿造工艺，强化质量管理体系建设，严格过程管理，为消费者酿造一杯放心酒、优质酒，让怀庄绽放出更加耀眼的光彩。

产品是品牌的第一层级，也是核心载体。40年来，怀庄用严苛的管理严把质量关，实现选材、制曲、酿造、储藏、勾调、包装全过程质量管控。严守传统大曲酱香型白酒酿造工艺，不断优化现代制度设计。让怀庄稳定过硬的质量，成为品牌建构的根基、企业兴旺的根本。

传统大曲酱香型白酒酿造工艺的坚守者

白酒分多种香型，酱香、浓香、清香、兼香各美其美。而分类的主要标准，在于各自独特的酿制工艺。仁怀作为中国酱香白酒核心产区，各个企业都秉持酱香酒传统酿制技艺，以茅台酒酿制技艺尤为规范上乘，成为业界公认的行业技术人才"黄埔军校"。

历史机缘及产地紧邻，怀庄自创建伊始，就是地地道道的"茅台范式"。

怀庄现任的当家酒师王开鹏，就是从茅台酒厂退休的。退休前，一直在"茅酒之源"也就是茅台酒厂第一车间工作，现在负责怀庄的酿造过程管理。"怀庄在操作流程上，绝对和茅酒厂是一致的。"王开鹏说。

为让每一个环节的操作有章可循，茅台酒厂专门编制了一个操作要点，作为指导酿酒过程的规范性文件。王开鹏每天最重要的工作，就是指导怀庄的酿酒工人，严格执行酱香型白酒酿造的操作要点。

"加的水多了一点，或者粮食煮得稍微粑了一点，都会影响最后的酒质和产量。所以酿制酱酒，不但是个细致活儿，也是个良心活儿。必须高标准严要求，不能有半点含糊。"王开鹏说，他清晰地感受到，怀庄酒质逐年攀升，理化指标更合理，酱香口感更突出，"酒体整体香型正在向茅台看齐。"

陈启龙清楚地记得，怀庄很早就是跟着茅台酒厂学。建厂后请的第一任曲师、酒师，都是茅台酒厂的人，按其传授的工艺操作。"我们酿酒就跟着黄酒师干，制曲就跟着陶姓师傅干，什么都要听他们的。所以一开始，就是按茅台酒厂的正宗工艺来干的。"

更为难得的是，为了全面提升勾调质量，怀庄请到了茅台酒史上的传奇人物李兴发，手把手带了陈启龙一年多。陈启龙高超的勾调技艺，正是直接师从李兴发。

第四章　品牌怀庄

错拴一条带，重做一百件

怀庄对于选材、制曲、酿造、储藏、勾调、包装全过程质量管控，都在细微处着眼，在执行上发力。

据敖世虎介绍，怀庄每采购一批粮食进来，都要先送样。不但要看看粮食的色泽和饱满度，有没有霉变，还要测定淀粉含量等指标。开始出酒后，每个轮次的酒，都要抽查品尝。确认酒里面有没有杂味，杂味出在什么地方，要迅速找到原因。

徐波已经在怀庄工作了19年，2015年获得比利时布鲁塞尔国际烈性酒大奖赛金奖的那款酒，就是他和团队勾调的。

"酱香酒很敏感，酒的口感随时都在变化。基酒会变化，勾调后也会变化。七天一个变化，一个月以后又是一个变化。随后才会稳定住。"徐波说。如果一个月后口感不行，必须重新微调，不会允许任何一款有瑕疵的酒体从手中滑过去。"我们品酒团队现在有十个人，只有超过70%的人签字同意，酒才会上市。无论它是超千元的大单品，还是口粮酒，都按照统一的标准流程来。"

这种严谨细致的质量管控，甚至延伸到看似影响不大的环节中。

负责怀庄检测分析的王运秋，一直记得一个教训。多年前，部门一个小姑娘在检测完一批酒的理化指标后，不小心报错了一个数据。将0.4的数据值，错报成了0.04。虽然0.4并未超标，但也只是刚好达到标准。发现时货已发到遵义，虽然知道是错报，实测也并没有超标。但这批产品，还是被董事长

怀庄40年
一个酱酒品牌的发展史

扣下召回。

包装车间作业图

包装，是怀庄美酒出厂前的最后一道关口，体现了怀庄人的一丝不苟。

　　陈侠舟负责的包装车间，是怀庄的最后一道工序。每款酒各不相同的包材，瓶子、盖子、包装物、丝带、外箱，让人看得眼花缭乱。包材对不对版，材料合不合格，瓶子干不干净、渗不渗漏，都需要做到万无一失。正常情况下，一个班组12人，每天要经手8000箱，4万多瓶。

　　有一次，陈家莉所在的班组就出了一个小事故。单子上标明，拴酒瓶的丝带要用专用的。但做的时候一忙，就拴成全厂通用的。结果是已经封箱好的一百多件酒，全部开箱重包。

　　"对于质量和口碑，每一个小差错都是致命的。"陈家莉体会深刻。

第四章 品牌怀庄

比国家标准更严苛

公司质检中心，负责怀庄质量标准的贯彻和执行。从高粱、小麦等原料进场，到酿造生产时水分、淀粉等各种指标检测，勾调品评、包装、罐装等环节的所有数据检测认定，都在这里。王运秋和她的小伙伴们，每天操作价值数百万元的先进设备，完成数十个环节的检测。

怀庄质检团队

拥有众多专业头衔、集知性与美丽于一身的王运秋，带领质检团队，严守怀庄原料入口关、质量过程关和产品出口关。

"国家标准中,有酒精度、总酸、总脂、微生物、乙酸乙酯、甲醇和其他一些卫生指标。我们企业现在的内控标准,实际上要远高于国家标准。"王运秋说。

怀庄对产品质量的严苛管控,历来都是领先一步、自我加压。以企业为主体的全过程控制,从建厂伊始就一直延续至今。

组建专门的质量管理机构,成立全厂质量管理领导小组。两位企业创始人亲任组长、副组长,明确各车间班组质量管理人员。从原材料进厂到产品出厂,每个工序都有人抓紧抓实。

近年来,怀庄出台《生产质量管理制度》《关于保证"怀庄牌"系列产品生产质量措施》等系列质量管理制度。全面推行质量管理,推进质量变革创新,牢固树立质量第一的意识。

年初拟定质量工作提升目标,明确质量推进计划。将质量指标纳入员工和管理人员的考核范围,建立起横向到边、纵向到底的质量考核机制,形成"全员抓质量"的浓郁氛围。

持续的全员质量意识养成,让"质量在心中、操作在手中",成为每一个怀庄人铭记于心的座右铭。

梳理怀庄在质量方面的成绩,足以让人信服。2003年,怀庄率先按照5S管理要求对公司库房进行管理。2004年,怀庄通过ISO9001—2000国际质量管理体系认证,并一直获得续认。同年,还顺利通过贵州环境科学院和环保部门组织的环境保护设施和操作的监察,成为仁怀市第一家完善环境保护和污水处理设备的民营企业。这些成就,在当年无一不是具有开创性的。

党的十八大后,为适应高质量发展的新要求,怀庄升级出台了《怀庄酒业集团酱酒生产详细工艺流程》等新制度,全面强化了生产车间、包装车间、制曲车间、成品库房、半成品库房、酒库等部门的质量管理。

第四章 品牌怀庄

不断与时俱进的质量管理创新，成为怀庄产品市场美誉度和消费者口碑的强劲背书。2012年，怀庄以令人信服的质量通过"中国有机产品"认证。2015年，怀庄入选仁怀酱香酒全国知名品牌创建示范区9家骨干企业。其后，怀庄正式入驻茅台中国酒文化城"中国名酒馆"，仁怀市仅四家地方企业的产品入选。2022年，中国酱香白酒核心产区十大名酒评选，怀庄名列第四。

品牌传播：循着产品进万家

> 营销是促成交易的重要手段，是实现商品价值转化的重要环节。从计划经济到市场经济，怀庄都以客户为中心，用过硬的品质、真诚的服务和良好的口碑，在与市场的互动中走进千家万户。

40年来，怀庄在产品营销和品牌推介上，从来保持着与时代特质的同频共振。任凭市场波诡云谲，始终以优质产品、真心服务回馈消费者。持续高强度的产品营销和品牌展示，让怀庄品牌循着一瓶瓶甘醇佳酿走进千家万户。

糖酒会上的常客

产品只有卖出去，才成为产生效益的商品。在早些年，怀庄的销售几乎是陈果一个人在支撑。

刚开始那会儿，为了打开省外市场，陈果时常弄两箱酒背着去挤火车。到北京、山东、河南、山西等地，挨个县去找糖酒公司、副食品公司，介绍和推广怀庄的产品，一出差就是一两个月。

"还记得第一批酒，是卖给了山西文水的糖酒公司。后来是山东、河南接受得多，然后是广东。这几个省一直到现在，也是怀庄酒销售最多的地方。"陈果印象很深。

第四章　品牌怀庄

1985年，陈果偶然得知成都要开糖酒会，抱着试一试的态度，提着一箱酒就去参加。"当时也不做什么展厅。就是在承办糖酒会的宾馆，开一个房间，弄一个货架。门开着，有人进来，就给他品尝、推荐。"

由于糖酒会参加的企业多，有规模效应，寻求进货的商人、个体户也很集中。签订销售订单的效率，比挨个县跑高得多。成都糖酒会虽然只有一天，但这次经历，却让陈果看到了糖酒会、交易展会的巨大潜力。在接下来的十余年间，只要哪里举办糖酒会，陈果都前往参加。主办方熟悉了，酒商也熟识了，收获了一大批稳定的经销商。

销售副总经理徐尚权说，怀庄重视每年的糖酒会已经成为一种传统，董事长每年都要带队去参加。慢慢地演化为只要是大型展销节会，比如各地的春交会、秋交会、酒博会、名优特产品交易会等，怀庄都积极组织参加，千方百计去交朋友、推产品、树品牌。

参会的频次越来越密集。打个比方，2013年，刚参加完全球1500多家酒企云集的中国（贵州）国际酒类博览会，怀庄就又出现在了"2013年秋季武汉糖酒会"现场。2014年，怀庄一连串参加了仁怀酱香酒中国行活动，成都春季糖酒会，济南、郑州、广州酒博会，重庆糖酒会等近10次酒类盛会。"就像农村赶转转场，抢抓一切节会机遇。"

销售副总王璇告诉我们，在节会展销期间，董事长对工作要求极严，不断提升怀庄展示档次。譬如成都糖酒会，慢慢就开始定套房展示。外面是产品展厅，里面是接待室，老客户或者新客户在里面谈。2009年成都糖酒会，怀庄设置了两个展厅，全面展示公司系列产品。所有的新老客户，董事长都坚持亲自谈。王璇说，董事长带领怀庄在糖酒会的不间断展示，扩大了怀庄品牌影响力。2023年10月，在深圳举行的秋季糖酒会上，怀庄派出了高规格代表团参展。

持续高强度的产品营销和品牌展示，使很多客户对怀庄的印象极佳。"每次糖酒会都吸纳了一些新客户，这些客户不断地累积和沉淀，成为怀庄经销商的主要群体。"徐尚权说。

营销追着市场跑

2023年8月6日下午，由贵州省商务厅主办的贵州省白酒境外展销活动"贵州美酒·醉爱香港"主题展在香港举行，怀庄与茅台等15家贵州名优白酒企业参展。

8月22日到23日，"多彩贵州风 黔酒中国行"广东站活动在广州举行，怀庄等32家酒企的优质产品齐聚"黔酒飘香酒廊"，供消费者和经销商闻香、品饮，体验贵州白酒的醇美。这是继7月在河南郑州成功举办并引发热烈反响后，本年度黔酒中国行的第二站。

此次展览充分使用贵广高铁车体，将32家白酒企业的品牌形象广告和主打产品移入高铁车厢进行展示，将贵州高品质美酒形象传遍粤桂黔三地。品牌形象广告同步精彩亮相广州、深圳等地，火车站、机场、核心商圈户外大屏被"霸屏"。

2014年，"多彩贵州风 黔酒中国行"推荐活动应运而生。至今已成为贵州白酒品牌推广的金牌IP，怀庄搭上了金机遇。

每个年代有每个年代的语境，每个时代有每个时代的特征。40年来，怀庄在产品营销和品牌推介上，从来都保持着与市场的同频共振。

1984年，刚刚建厂一年的怀庄，就推出了瓶装酒投放市场。其时，其他

第四章 品牌怀庄

大量酒企还热衷于卖散酒。20世纪90年代，白酒行业广告营销时代到来，怀庄迅速调整营销思路，全面强化电视广告、报纸广告、海报、广告牌等介质投放。注重包装设计和展示展览，推动怀庄品牌知名度快速攀升。

1998年，为应对白酒品牌的白热化竞争，怀庄率先探索出礼品盒酒。在贵阳市场专卖柜首次展出时，便引起了巨大轰动，成为怀庄顺应时代发展不断创新的见证。

随后兴起的封坛酒、定制酒、互联网+、直播带货、整合营销等全新营销手段，怀庄每一次都能抢在风口。2009年，为了主动适应酱香白酒市场大势，怀庄组建营销事业部，重置营销模式。除自主核心品牌外，强化向外部提供基酒协作，子品牌迎来爆发式增长。2011年，湖底储酒专项研究攻关完成，"湖底恒温窖藏法"向有关部门申请专利。2016年，怀庄"湖底恒温窖藏"暨"怀庄湖"工程开工建设。

熊堂乾告诉我们，近年，怀庄投资在高速公路重要服务区、重点旅游景区开设体验店。对此，罗文献说："怀庄文化的影响力还是比较大的。我们近期有一个规划，就是打造怀庄酒文化体验馆，天津、山东、河南、西安都已经有了。体验馆着重打造文化展示系统、产品展示系统和品鉴体验系统，通过客户的品鉴、体验，让他们能够找到适合自己的酒，形成一个良好的口碑效应。"

回过头来看怀庄40年品牌营销之路，从产品、品牌、渠道再到数字技术运用，看似波诡云谲，实际上万变不离其宗。这个"宗"，就是因时制宜、顺应市场、随机应变。正是得源于此，怀庄的产品营销和品牌推广之路，才没有错过每一个时代风口。

追都追不走的客户

对于企业的品牌和产品的品质，自评百句不如用户一句。

访谈中，怀庄副总经理、销售总经理罗文献说了一个很特别的客户，河南信阳人老李。当年老李转行做酒，到茅台镇转了很多家酒厂。本着试一试的态度，把怀庄酒作为一个销售的次要品种。几次产品试销后，对怀庄的认可度一下子上来了。掉头来专做怀庄酒，愉快合作已近20年。

20年来，怀庄因为品质提升和成本上涨，涉及到价格调整。商谈时，罗文献很诚恳地对老李说，茅台镇也有很多优质的企业和酒品，有些价格确实便宜一点，建议老李可以多看一看、选一选。不料老李直接谢绝了建议，说在茅台镇合作就只认怀庄。罗文献说："追都追不走。"

老李说了三条"追不走"的原由：怀庄的酒真，怀庄的人实，卖怀庄的酒能挣钱。

30年前，陈果在销售时提出"认认真真办事，踏踏实实做人，顾客永远是对的"这个口号，一直贯彻执行至今，成为怀庄人的一种行为体系。推介讲真话，质量保正品，价格不虚高。营销人员对产品和服务的推介，必须以事实为基础，不允许胡吹海侃乱宣传。

怀庄在培训营销队伍时就一句话："今天给客户看的样品是这样，明天发给客户的就是这样。今年是这样，三年后还是这样。"对经销商在酒质方面多年以来坚持做到说一不二，承诺"相同价位品质更优、同等品质价格更合适"。

第四章 品牌怀庄

陈元因地位特殊，常常被邀帮忙陪客户。介绍酒时，是什么样就是什么样，成本多少钱，有多少利润，实打实地给客户说，是否成交让客户自己决定。"谈成了，客户就是稳定的。谈不成，交个真朋友。因为是实在话，也不怕几个人介绍得相互冲突、穿帮打脸。"陈元说。

罗文献证实，很多客户就是对怀庄的品质有信心，他拿去卖了以后，客户的回头率比较高，口碑效应就出来了。现在做的很多销售，都是客户的客户，圈层的圈层，自然就过来了，就形成一种自动的口碑传播。

而这样深度互信的老客户，正是目前怀庄客户群体的主体。"很多都是与怀庄合作一二十年的客户，他跑都不跑，走都不走。甚至有些客户，追都追不走。"罗文献说。

怀庄40年
一个酱酒品牌的发展史

品牌愿景：让发展惠及更多人

用学术一点的话讲，品牌愿景是品牌发展的终极目标。在让员工共享发展成果，用实实在在的收入和真心实意的关怀留住员工的同时，创新营销模式，致力于搭建大家致富的"共富平台"，就是怀庄的最大愿景。

努力把怀庄打造成"我们的"，而不仅仅是"我的"。努力把怀庄建成老板、员工、经销商建功创业、勤劳共富的实现平台，这是怀庄扛旗者躬身笃行的大格局、大情怀。开放、共享的新发展理念，怀庄已经实践了40年。

工资开高一点

怀庄兴建三大基地，用地都是规划后从农民手里购买的。都会为失地农民提供相应的工作岗位，愿意进的都欢迎。对于没有选择进厂和周边村子的群众，怀庄在临时用工时优先安排。仅仅在坛厂包装基地，就解决了数百人就业。做包装工人或者是搬运工，一个月有几千元的稳定收入。

"董事长专门要求，在不影响同行的前提下，比周边都开得稍微高一点。农民挣钱能力弱些，土地又被占了，应该感恩他们、帮助他们。"陈元

第四章　品牌怀庄

说，一来二去，周边的农民工都喜欢到厂里来干活。

以前的搬运，都靠肩扛背驮上下楼。2020年，厂区设备升级，安装了升降货梯。以前需要十分钟的活儿，现在用不到五分钟，也不用以前那么费力。但是搬运的工资单价，却没有减，还是按以前工资标准结算，工人都非常高兴。

每到逢年过节，厂里还会买些粮油米面和日用品，去送给周边的农民。家庭条件差一点的学生，厂里都会尽力资助一下。怀庄在樟柏社区开展的"金秋助学"活动，每年都要花掉十多万元。

事实上，让更多的人共享到企业的发展成果，是怀庄的常态。

每年年初，怀庄都要拟订分享计划。今年在这个区域，明年就去那个区域。轮流走，尽可能地惠及更大的范围。为让这项工作更加规范有力，怀庄专门设立公益基金，帮助留守儿童、老人和资助大学生。运行至今十余年，每年公益支出都上百万元。

小时候的陈元一直想不明白，为什么一到过年，老一辈人都会请中华乡老家的父老乡亲来吃一顿饭，吃完饭还会发红包。不管老家的乡亲有什么大小事务，老人家们都一定要到场。不只是送点礼，还要亲自跑到现场去帮忙。如果遇到请他们当证婚人什么的，会很愿意很高兴。如果当天公司的事和老家的事有冲突，他们一定是把公司的事推掉，去做这个事。

"企业已经早就搬到茅台镇上了，老家人也帮不上什么忙了，何必去做这些事呢？"长大了陈元才理解，这叫感恩、分享、情怀。

让发展惠及更多的人，是怀庄一以贯之的愿景。也因为这种不断扩大的分享，反过来给怀庄积累了更好的口碑。怀庄是很少见的"三统一"：公司自始至今都叫怀庄，注册商标也是怀庄，生产的酒还是叫怀庄。所有念怀庄好、说怀庄好的人，都是怀庄的义务宣传者、推广者。怀庄品牌的名声，也随着这

些口耳相传，越来越广泛地深入人心。

2016年，数十年踏踏实实秉持"兼济天下"共享情怀的怀庄，收获了国家级肯定：怀庄代表人物陈启龙，被中央文明办授予"中国好人"光荣称号。

"挖不动"的怀庄员工

在中国酱香白酒核心产区的企业中，怀庄员工对企业的忠诚度、满意度之高绝对是可圈可点的。怀庄是出了名的"墙根硬"，员工是出了名的"挖不动"，这一点是大家公认的。

"这些年在仁怀建厂、茅台建厂的企业非常多，各种专业人才都很缺，人员流动频率也很高。也有很多新兴酒企、更大的酒企高职位高薪水来挖我们，无论是酒师、销售、质检还是后勤。据我所知，没有一个人走，真的。"张小红说，大家都认可怀庄，一来是公司对员工太好，二来是大家对怀庄这个大品牌的行事作风有自信。

怀庄对自己员工是出了名的好，甚至会把每一位员工当成自己的孩子一样，去关心去爱护。

1999年，仁怀市出现了7例小儿麻痹。入职仅两年的敖世虎，小孩不幸染病。"老厂长"陈绍松知道后告诉他，赶紧送小孩去医治，没钱就直接去财务拿。因医治及时有效，小孩成为7例中唯一没落下残疾的孩子。

员工敖世群家的两个孩子读大学，都是厂里面帮衬支持的。"老总们主动找到我说，钱凑不齐就到厂里去拿。"

办公室副主任胡建华，刚入职没两年，母亲生病手术，家庭住宿条件也

第四章　品牌怀庄

比较差。老总当即安排公司资助一下，各部门再集集资。很快筹集了数十万元，帮助他在城里安家就近照顾母亲。

相较于这些日常关怀，"卖房贷款也不拖欠员工工资"，更是让全体怀庄人经久铭记。

2013年开始的几年，是怀庄建厂以来遇到的最艰险难关。一方面刚刚投资完成两大生产基地扩建，一方面又巧遇白酒低谷期。再加上银行惜贷紧缩，多重挤压使怀庄生产经营举步维艰。

熊顺楷回忆，遇到用上一千块钱的事情，老总们都要反复思考、反复斟酌，这个钱到底该不该用。最难的时候，老总们悄悄卖掉城里的房产，向亲戚朋友借。"但董事长给大伙说，不管公司再难，就算贷款，都不会欠工人们一分工资。"

肖红芬清楚地记得，当年每个月20号发工资，从来没有拖欠过。大家看到企业确实困难，主动提议个把月不发不要紧，下个月一起领，但被老总们谢绝了。"真的是特别体现大品牌的格局和担当，跟着这样的品牌企业，大家都觉得跟对了。"

怀庄有一件特别的事情，那就是40年来，从未主动辞退过一名员工！做得好，鼓励。做错了，教育。有成绩，表彰。进步慢，提携。

"我们不仅是在打造品牌，更是在经营人生。员工不是来为我挣钱的，而是在使用我们这个品牌，求自己的理想人生。"陈果有着更深的理解。

把怀庄建成共富平台

胡建华在回望怀庄经历时说,自己最大的感受就是两个老总对员工尤其是销售人员收入的态度。怀庄销售人员在外面挣得多,两位老总不犯红眼病,这是怀庄最厉害的一点。销售人员挣得越多,老总越高兴。这在一些私营企业,是不敢想象的。

2009年起,怀庄启动了一场营销模式改革。十多年后,这场大胆且极难被复制的探路之举,被同行私底下誉为白酒营销的"怀庄模式"。它的核心和灵魂,就是发展共享。

新模式的基本架构是:让生产和销售分属两个相对独立的系统,原料采购、制曲、酿造、包装、后勤管理等生产环节由怀庄负责,市场开发、产品销售和客户维护,由组建的各个销售团队负责。销售团队按照市场价格从怀庄购买产品,再销往目标市场。两个系统的人力成本和运营成本各自负担。

销售副总经理刘浩洋是第一个"吃螃蟹"的人。当年,壮行前他还在办公室工作。刘浩洋回忆说:2009年3月26号,在茅台老办公楼的三楼会议室开了一个会,宣布我不干办公室了,支持我到贵阳去组建团队搞销售。就这样,拿着公司支持的一笔钱,招了40来个人到贵阳,在二桥租了两套房子就开干。巨大的压力,蓬生出同样巨大的动力和创造力。一年时间内,仅在金沙县,就实现80多万元销售额。

引领作用很快凸显,原来派驻各地的办事处,逐步撤了回来。越来越多的佼佼者选择营销,先后组建了12个营销事业部,分别对应不同的目标市

第四章 品牌怀庄

场。更多更灵活的营销方式也被引进来，怀庄也随着快速延展的市场被更多人所熟知和接受。

这些搏击市场的佼佼者，也靠努力收获丰厚回报，收入"百万级""千万级"员工不断涌现。业界分析人士认为，怀庄存在"亿级员工"，也不会让他感到惊讶。

为什么说新模式的核心和灵魂是分享呢？众所周知，酒的利润来源于生产增值和品牌溢价，其中品牌溢价是最主要的利润源，往往是生产增值的数倍甚至是数十倍。把销售独立出去，意味着老板将最大的一块利润让了出来。没有足够的魄力、格局和分享意识，是做不到这一点的。

"厂里生产包装好，以较低的内部价'卖给'销售团队，厂里获得的收益需要支付原材料和人工等费用。比如怀庄的窖池，每一口年费用预算就超过35万元，仅此一项加起来就超过了1.2亿元。而销售板块，进项因为品牌溢价会更多，但成本支出会更少。"财务总监陈浪随口算了一笔小账。

事物从来都是两面性的。虽然新模式表面上看"动了老板的蛋糕"，但积极作用更彰显。公司的发展动能，获得空前激活。公司的发展安全，获得了最大限度的保障。

数据显示，2013年到2016年的困难时期，怀庄的销售一直在往上走，所有的营收数据都一路飙升。目前，很多区域酒企的经营数据都在下滑，怀庄依然处在上升通道。公司中高层一直非常稳定，到现在为止没有一个走的。公司的12个销售副总，现在还是齐刷刷的12个人。赵海、罗文献、徐尚权、胡益、胡伟、卢大庆、罗正超、王玉琳、龚林、熊顺楷、熊堂乾、帅德明，是怀庄销售的金刚级人物，为怀庄酒走向千万消费者搭建通道。

"把怀庄建成大家都可以依靠致富的共富平台，这很好啊。钱一个人用不完，大家好才是真的好。"在得知很多销售老总比他自己还挣得多时，陈果

这位睿智的古稀老人笑得很开心。

有20多年厂龄的怀庄茅台基地厂长蒲清勇说:"今年是怀庄40年,在仁怀来说算早的了。很多客户对我们怀庄评价都非常好,私人企业能活这么年,有它的道理。董事长和总经理都没有私心,一心想把怀庄做好,慢慢地发展,现在越来越大,越来越好。"40年持续发展不易,蒲清勇的话,实际上已经很好地解释了发展的"秘诀"。"没有私心,一心想把怀庄做好",既是怀庄的初心,也是怀庄发展的最终目标。

王玉琳说:"怀庄跟其他企业相比,是滚雪球式的发展,不是爆发增长的那种,是一步一个脚印慢慢走出来的。有很多厂模仿怀庄模式,但基本上做不成。"周山荣也说,怀庄这个模式,在茅台镇独一无二,迄今没有人能够完成2.0版。

第五章　文化怀庄

陈果说："我是经营企业的，文化是企业的灵魂。"怀庄企业文化的内核，是"诚信酿造未来，和谐发展怀庄"。对孝文化和感恩文化的倡导，将怀庄企业文化推向了全新的高度。

坛厂基地办公大楼内景

"诚信酿造未来,和谐发展怀庄"大字标语两侧,是怀庄切实践行的语录和精神。

企业文化是企业在生产经营过程中形成的,被员工广泛认可的价值观和行为准则。企业文化表现在员工的所思所想和日常行为上,渗透到企业的产品、服务和经营中。企业文化建设推动形成共同的价值理念,提升员工对企业的认同感和归属感,增强对本职工作的自豪感和使命感,最终形成强大的凝聚力和竞争力。

40年风雨历程,怀庄人越来越清晰地认识到:"文化是一种精神力量,更是一种助推经济发展的力量。"牢固树立起"企业生存靠质量,企业发展靠文化"的坚定信念。

诚信酿造未来

> 诚信是中国优秀传统文化的精华，是维系现代社会正常运转的关键纽带，也是怀庄屹立市场经济风浪中的坚定基石。诚如怀庄人所言，"这是我们的命根子"。

"这是我们的命根子"

"诚信"是诚实和守信的合称。诚实，是指忠诚老实，言行一致，表里如一。守信，是指说话、办事讲信用，答应别人的事，说到做到，认真履行诺言。

在中国传统文化中，诚信被视为"人"之所以为"人"的先决条件。孔子说："人而无信，不知其可也。"（《论语·为政》），其意就是如此。《隋书·文帝纪》云："君子立身，虽云百行，唯诚与孝，最为其首。"一个人要在社会上立足，诚与孝是最重要的品行修养。

古往今来，关于诚信的正反事例举不胜举。无数事实证明，诚信对个人、对企业、对社会、对国家，都具有十分重要的意义。花言巧语，不讲诚信，可能会占一时的便宜，但最终会失去众人的信任。

在怀庄眼里，做企业跟做人的道理是完全相通的。对企业而言，诚信最真切的体现，就是诚信经营和诚信纳税。企业经营活动首先要依法依规，企业的产品质量必须过硬,产品价格要合理适度,企业赚了钱要回馈国家和社会。

很长一段时间以来,怀庄秉承"认认真真办事,踏踏实实做人"的理念。简单朴素的语言,形象展示了怀庄诚实可靠的品格。

21世纪初,仁怀酒业迎来大发展。在竞争日趋激烈的形势下,怀庄召开专题会议,分析自身的优势和不足,研究企业未来发展方向。胡建华至今都还记得,大家商讨后得出的结论:"做广告我们做不赢其他家,走各种特殊渠道也走不赢。就树立诚信金字招牌,把'诚信酿造未来'作为我们的核心理念。"

"这是我们的命根子。"在怀庄的日常经营中,将诚信提升到了一个崭新的高度。

做酒先做人

世上三般苦,打铁、酿酒、磨豆腐。酿酒的辛苦,相信曾到企业的参观者都深有感触。传统大曲酱香型白酒酿造工艺的坚守,尤其需要一批批拥有工匠精神,能吃苦耐劳的酿酒人。"酿酒如做人,人做好了,酒肯定不差!"

酿酒如是,卖酒亦如是。做酒先做人,是怀庄人身体力行的基准和原则。做人的第一环,就是要讲诚信。做企业的第一环,就是要建设一支讲诚信的员工队伍。随着怀庄的发展,员工队伍不断壮大。怀庄进人的首要标准,并不只看学历和技术,而是非常看中员工个人的品行。诚与孝,是最受重视的两大品格。

怀庄的新进员工,绝大多数来自老员工推荐,都是厂区周边的群众。由"熟人"构建起来的员工网络,无形中确保了大家的言行举止,都保持着相应

的规范。一批又一批诚实、勤劳、稳重的员工不断充实怀庄,践行怀庄"诚信酿造未来"的核心价值理念。

员工对"诚信酿造未来"高度认同,对怀庄有着很多民营企业难以企及的忠诚度。怀庄对员工做出承诺:即使企业发展遇到困难,宁愿自己背负银行债务,也绝不拖欠员工工资。

如果希望别人诚信,首先是自己要诚信。保证可靠的产品质量,是企业诚信经营的关键环节。陈果认为,做人要凭良心,做事要讲良心。酒是要入口的东西,万万不能以次充好。"用酒向消费者宣传,他喝了你的酒,感觉很好,自然会再要你的酒。"朴实的话语,为我们解开了怀庄40年持续发展的真谛。

为了找到怀庄成功的诚信密码,我们专门约请胡建华,抽出时间做了深度交流。胡建华已经在茅台提干,他说:"我相当于一个营销顾问,很多时候跟董事长、总经理在家里聊,和云昌也经常聊。今年40周年大庆,云昌到我家里聊了3~4个小时,聊怎么考虑40周年的事。"他认为,怀庄能走到今天,"一定有内核所在"。

当我们抛出怀庄何以体现"诚信酿造未来"时,胡建华给出了相应的解读。他说,对待供应商,怀庄一直坚持"不差供应商钱"的理念。企业资金再紧张,也只是企业内部的事。"要供应商愿意给你送瓶子来,愿意送包材来",你才能将酒包装出厂。

对营销队伍,涉及利润分配。厂里将价格体系确定下来后,无论销售做到多大,利润做到多高。只要不违反厂里规定,"两位老总不犯红眼病,用厂里的诚信让营销队伍敢于放心地干,敢于大胆地干。这是诚信最厉害的一点。很多企业学到了形,没有学到精髓"。实质上,对白酒企业而言,厂商利益如何合理分配,是一个极为关键的问题。

第五章　文化怀庄

对待经销商，坚持做到产品质量稳定。怀庄营销副总告诉我们，培训营销队伍就只有一句话："今天给客户看的样品是这样，明天发给客户的就是这样。今年是这样，三年后还是这样。"直白地说，就是做到质量诚信。一些名噪一时的白酒品牌，压缩营销队伍和经销商合理利润，最后被市场所抛弃。

宣传和推介，也要讲诚信。"所有的营销人员不允许乱宣传，吹历史比茅台酒厂还早。（这）不可能。（怀庄）都是以事实为基础。"

从酿酒，到宣传推广，到卖酒，每一个环节，都将诚信体现得淋漓尽致。从做人，到做企业，都以诚信为第一原则。

"以诚感人者，人亦诚而应"

北宋理学家程颐曾说："以诚感人者，人亦诚而应。"践行"诚信酿造未来"核心价值理念的怀庄，也收获了社会各界的积极回应。

在员工看来，这是一个值得信赖的企业。怀庄建厂40年，厂龄在30年以上的员工所在多有。一个家庭多位成员在怀庄工作，甚至两代人在怀庄工作的，也不在少数。

在经销商看来，怀庄是一个有感情、有温度的品牌。老总们的热情和激情，怀庄合理的利益分配机制，以及日益扩大的品牌影响力，给经销商带来超过预期的收益。在怀庄的经销商体系中，合作时间20年以上的很多。在2013年怀庄三十周年庆典活动时，来自全国各地的500多位经销商，共同见证了企业发展史上这一关键时刻。

在供应商看来，怀庄坚持不差供应商钱的理念。一面要求保质保量，一

面建立长期可信的合作关系，维护良性循环，怀庄同样值得信赖。

在消费者心目中，怀庄是一个值得信任的品牌。酒水价格合理、品质优异，是真正意义上的"民酒"，是老百姓喝得起的品牌。

怀庄的诚信经营，时至日今已荣获国家各部委、贵州省、遵义市、仁怀市、茅台镇表彰400多次。从1996年起，怀庄连续17年被评为茅台镇纳税十强企业。获评贵州省"重合同守信用单位"，中华人民共和国农业部"全国诚信守法乡镇企业"，贵州省国税局和地税局A级纳税信用企业，仁怀市诚信纳税示范企业。2013年，怀庄荣获贵州省最佳信用企业，即"企业信用评价ＡＡＡ级信用企业"。

诚信经营奖、诚信企业奖、诚信纳税示范企业、食品质量安全示范企业等荣誉，均为多次获得。一块块奖牌，都是相关部门对怀庄诚信文化和诚信经营的高度认可。可以说，诚信已经融入每一个怀庄人的血液之中。

怀庄也清醒地认识到，建立诚信需要长期不懈的努力，破坏诚信则非常容易。信任一旦失去，就很难挽回，必须持之以恒地进行诚信教育。在竞争日趋激烈的环境下，秉持诚信原则的企业，更能够赢得消费者的信任和支持，形成品牌忠诚度，与供应商、经销商建立长期稳定的合作关系，确保企业行稳致远。

怀庄"诚信酿造未来"的底蕴

省级重合同守信用单位、全国诚信守法乡镇企业、A级纳税信用企业，各级政府部门的认可，是怀庄"诚信酿造未来"理念结出的硕果。

省级 重合同守信用单位
贵州省工商行政管理局

全国诚信守法乡镇企业
贵州省仁怀市茅台镇怀庄酒业有限公司
中华人民共和国农业部
二〇〇三年十月

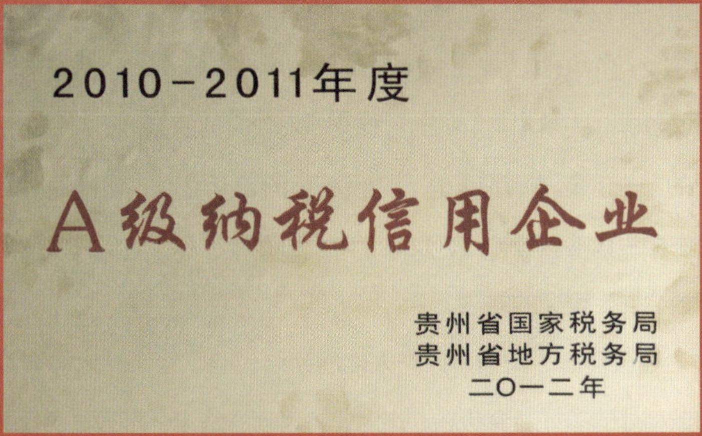

2010-2011年度 A级纳税信用企业
贵州省国家税务局
贵州省地方税务局
二〇一二年

和谐发展怀庄

> "和谐发展怀庄",就是在企业领导之间,领导与员工之间,员工彼此之间,企业与周边邻里的人与生态之间,构建一种多维和谐的局面。

"和谐发展,不断壮大"

和谐是中国文化的核心价值观,是实现社会和谐不可或缺的力量。"和谐发展怀庄"的宗旨,是创造一种轻松愉悦的环境氛围,实现人与人、人与自然、公司与周边和谐共处的理想生态。

中国文化中和谐的理念起源很早。《尚书》就有"协和万邦"的记述,《周易》贯穿"天下和平"的政治理念。春秋时期的管仲,明确提出"和合故能谐"的观念。孔子则把人与人之间相处的正确之道,概括为"君子和而不同"。中国古代的这些论述,反映了对"协和""和平"美好生活的憧憬,反映了对社会安定繁荣的向往。

作为社会理想,和谐是人与人之间团结和睦、经济社会协调发展、人与自然和谐相处的美好社会状态。作为一种管理方法论,指通过对企业运营规律的认识,努力形成人们各尽其能、各得其所、和谐共处的企业生态。

第五章　文化怀庄

"和谐发展怀庄"的理念，其源头可以追溯到创业之初。陈果和陈绍松两位创始人，一个负责生产经营管理，一个负责产品推广销售。分工明确，共同协作，彼此之间十分信任，将1:1独特股权结构的优势充分发挥，创造了民营企业经营史上的奇迹。

怀庄创始人之间的相处一直十分融洽，他们互相尊重，采取这种分工协作模式，正是两家合作共事的大智慧，这是怀庄和谐文化传承的内核。老厂长陈绍松，在自己亲戚进厂时告诫说：我们企业虽然是两家人合伙办的，但是你进去以后不要分彼此，不要认为自己是谁的人，踏踏实实做好自己的本职工作。

刘红进入怀庄前，在仁怀另一家民营酒企工作。舅舅陈绍松让她进入怀庄，在半成品库房管理工作岗位上一干就是20多年。她告诉我们："在自己的岗位上就要把自己的工作干好，就要尽职尽责地干好。"刘红说道："我舅舅随时给我们讲，他说你工作一定要好好干，你不要想着帮着谁，一定要干好。你把你自己的工作干好了，你才对得起任何人。"

胡建华告诉我们：在仁怀，夫妻做企业分家的有，亲兄弟做企业分家的也有。怀庄这种结构能存续40年，"走到今天，真的不容易"。这也是仁怀白酒圈对怀庄的评价。

当我们在问及熊顺楷，是什么原因让怀庄持续发展40年时，他立马告诉了我们八个字："和谐发展，不断壮大。"他接着说："从企业的角度来讲，大家都是利益共同体。（但）我觉得最终是一种文化，就是传统文化的精髓。"不断壮大是结果，和谐发展是原因和实现的路径。而怀庄能够实现这样的发展模式，得益于传统文化中和谐观念的践行。

"老板没有架子"

怀庄和谐文化构建，主要靠领导者的言传身教。员工眼里的公司老总们，整体形象是平易近人的，有亲切感，从来不摆架子，没有高高在上的感觉。这与我们平时接触的一些企业老总，有很大的不同。

车间主任陈侠舟说：董事长每次碰见我们，不管你是干哪样的，不管是哪个部门的，他都面带笑容和你聊些家长里短。徐伦在谈起怀庄的和谐文化时说："老板没有架子，就像一个老父亲一样爱护员工。如果你做错了，他会用心地教你。在整个仁怀，怀庄特别团结，员工跟老板比较和谐，这是它的一个特色。不知不觉，你就能感觉到这种亲情的氛围，（是）家的感觉。"

名酒工业园区酿酒基地厂长周华建说："进厂的时候，感觉在我心目中，董事长、总经理很严格的。可接触之后，不是那么回事。他们对一线员工也好，后勤管理人员也好，很亲和的，不管家庭、事业，随时都很关心。"

赵海谈到对怀庄领导的印象时说："董事长有时也会发火，但是他冒火以后就没事。该给你说还是给你说，该跟你笑还是跟你笑。老厂长（陈绍松）亲和力很强，他工作之余和大家一起玩，不管打扑克、打麻将，还是闲聊，根本没有老领导的范儿。现在很多时候没有喊董事长，都是喊老人家。看到总经理的时候，一句'龙哥'。这种称呼，实际上代表很多情感在里面。"

在谈到怀庄的少东家时，员工们普遍反映：他们进厂后都是从最基层的工作做起，身上没有公子哥习气。下班的时候，就像朋友一样和员工摆龙门阵。大家都很随便，远远地都打招呼。谁先看到谁都无所谓，谁先喊谁都无所谓。

第五章　文化怀庄

少东家陈元说："很和谐，公司很和谐。从董事长到总经理，和大家一起没有什么领导之分，该工作的时候工作。但私底下，就是朋友。"蒲清勇也告诉我们："员工比较和谐，事归事，关系归关系。工作干完后，可以在一起喝酒，一起耍。总经理下班后，我们都经常在一起喝酒、打麻将，比较和谐。在一起没有领导的感觉，是弟兄姊妹。"

胡伟认为，怀庄之所以具有独特的凝聚力，是因企业将文化内涵构建落到了实处，不是喊口号。怀庄领导与员工相处，往往在细节中传达出价值观。徐尚权回忆，自己刚进怀庄工作时，年轻贪睡。早上匆匆洗漱就赶去上班，有时头发乱糟糟的。董事长看到这种情况，并没有批评一句。某天，给他送了一把梳子。他当时感到很惭愧，后来再也没有出现类似情况。

怀庄员工群体有一个特点，大部分都是通过推荐进来的，互相之间几乎不是亲戚就是熟人。当我们问肖红芬，"你家的亲戚朋友有多少人在怀庄工作"时，她告诉我们："不说销售，亲戚有十个左右，都是我介绍进来的。"类似的情形，在怀庄颇为常见。

有时需要增加人手，领导会主动询问部门员工，有没有合适的人选推荐。许多部门内的员工，都有亲戚或熟人关系，大家一起工作的时候，更加配合愉快。

怀庄没有打卡上班制度。员工如果家里有事，跟同事打个电话就可以了，这与很多厂家不同。车间主任向朝燕评价说："我们都没有上班打卡。打卡的企业，员工多一分钟也不愿意待在厂里。反而是我们公司，有事可以提前走，没有事都坚守在厂里。有时活计忙，大家主动加班。"

怀庄40年历史中，没有开除一个员工。即使有员工在工作中出现差错，最多也就是调换岗位而已。

2021年12月16日，怀庄召开创建省级劳动关系和谐企业验收汇报工作

会，得到贵州省、遵义市、仁怀市各级工会组织的高度认可。这，应该就是对和谐怀庄最好的褒奖。

怀庄获颁"贵州省劳动关系和谐企业"

贵州省劳动关系和谐企业，由贵州省总工会、贵州省人力资源和社会保障厅等多家单位联合颁发。

第五章　文化怀庄

"桃李不言，下自成蹊"

怀庄一路走来，与德庄、与茅台镇结下了不解之缘。公司的酿酒基地，均在茅台镇核心区域。怀庄十分注意处理好与邻里的关系。两位老总只要知道德庄乡亲们谁家办什么大事，都会主动抽空前去帮忙。

对于茅台和坛厂基地周边的村民，主要采取吸收适龄青年加入公司的做法。同时，以高于行情的价格，请当地居民做一些搬运、装载之类的工作。怀庄还选择年节等重大节点，主动登门慰问当地老人。在得知村民家庭困难时，主动提供帮助。有一位临时搬卸工，家里遇到困难，董事长得知后主动上门提供帮助，让这位村民分外感动。在陈果董事长70岁生日时，周边许多乡亲自发登门祝寿。

在怀庄看来，赤水河是仁怀酿酒产业发展的屏障，保护赤水河流域的独特生态环境，是企业义不容辞的责任。怀庄与自然的和谐关系，重点是严格按照环保要求，在污水治理、酒糟处理等方面狠下功夫。怀庄是茅台镇最早建立污水处理设备的民营酒厂，委托有专业资质的企业代为处理酒糟，对窖池进行绿色环保改造。

怀庄的和谐文化建设，并没有什么大张旗鼓的举措。但身处其中的员工，都能感受到轻松团结的氛围，工作时心情舒畅愉悦。

我们尝试探寻其中的奥妙，找到的似乎也只是"潜移默化"四字而已。企业领导之间，领导与员工之间，员工与员工之间，企业与周边邻里的人与生态，都在潜移默化中，构建起一种良好的和谐关系。

讲孝道

"诚信酿造未来",是怀庄一切经营行为的准则。"孝"这一私领域的行为,也被怀庄奉为圭臬,是企业大力提倡的价值观。

"夫孝,德之本也"

讲求孝道,是中华民族道德文化的根基。由敬养父母的孝道延伸开来,逐渐拓展到成就自我、爱岗敬业、报效国家等现代文化内涵。

百行善为首,百善孝为先。孝道在中国传统文化中处于基础地位,是中国文化精神的根与魂,也是为人立身之本。

中华民族孝的观念,源远流长。在甲骨文中,就已经出现了"孝"字。在《诗经》中,对父母之恩有如此生动的描述:"父兮生我,母兮鞠我。抚我畜我,长我育我,顾我复我,出入腹我。欲报之德,昊天罔极!"用现代语言表述就是:父母生育、抚养、庇护、照顾我的恩德,就像天空一样浩瀚无边!

孔子说:"夫孝,德之本也,教之所由生也。"孝,是所有德行的根本,一切思想教化和道德教育,都是在此基础上产生的。

《孝经》有云:"夫孝,始于事亲,中于事君,终于立身。"孝顺父母

第五章　文化怀庄

是为人子女的本分，也是孝道的起点；子女积极上进，不断提升自己，最后成就事业，报效国家，扬名于世，从而使父母骄傲自豪，是为大孝，也是孝道的终点。

作为一个民营企业，怀庄在诚信、和谐、孝道等传统文化神髓中，不断汲取养分，助推企业长续发展。怀庄传承和弘扬孝文化，与领导者对企业价值观的构想分不开。

陈果坦言：孝道是我的信仰。家家有老人，人人都会老。无论是从亲情伦理，还是从道德法律的角度讲，都应该义不容辞地去善待和尊重老年人。试想，一个不懂孝、不讲孝、不知孝的人，会受到子女、同事、朋友和社会的尊重吗？显然是不能的。因为，讲孝道是做人起码的道德标准。只有讲孝道，才会得到社会的尊重。

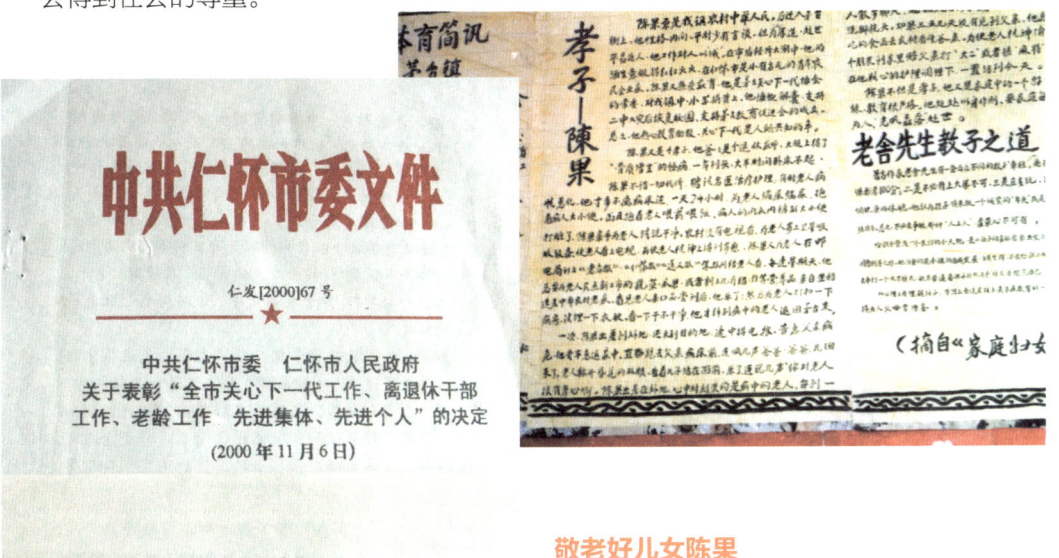

敬老好儿女陈果

【左为仁怀市人民政府文件，表彰陈果为"敬老好儿女"。右为当时张贴在茅台大桥下的墙报，详述了陈果的孝顺事迹。】

陈果是这样说，也是这样做的。2000年，仁怀市表彰他为"敬老好儿女"。若干年后，陈果还能清楚记得，当他在仁怀街上张贴的榜单中，看到自己名字时，心里的那一份触动。他的母亲在43岁时，便英年早逝，给他留下了"子欲养而亲不待"的遗憾。那年，陈果年仅12岁。由是，他更加珍视与亲人长辈相处的时光。父亲卧床多年，他悉心照料。继母离世，也风光办理丧事。

"中国好人榜"陈启龙

2016年，经广大群众推荐评议，总经理陈启龙入选"中国好人榜"。

公司总经理陈启龙，也是一个大孝子。陈启龙曾上榜中央文明办评选的"中国好人榜"，入选怀庄首届十大孝星。陈启龙不但耳濡目染了父亲陈绍松

第五章　文化怀庄

朴实、大方、谦和的性格，母亲善良、和蔼、勤劳的态度对他也产生了很大的影响。长年劳累，导致母亲晚年患病不起。陈启龙将母亲接到身边，照料、守护、陪伴母亲安度晚年，十余年如一日。卧床不起的母亲脾气不好，偶尔发脾气时，陈启龙都特别理解老人的心情。经常以笑嘻嘻的口吻安慰老人，细声讲述一家大小幸福的生活，让母亲回归愉快的心情。

陈果在公司响亮地提出：要把"讲孝道"排在首要位置，要旗帜鲜明地把中华民族"百善孝为先"的理念摆出来。抓孝文化，是怀庄对员工进行思想教育的一个切入点。陈果认为，只要把这个事情办好，对员工就教育好了。陈启龙对董事长在公司提倡孝道的想法，非常赞同。陈启龙希望，天下所有的父母都能安享晚年，怀庄人"讲孝道"的传统一代代传承下去。

员工迄今都还记得董事长的原话："我们不选优秀，（怀庄）人人都优秀。我们只选孝贤。不管你工作怎么出色，不管你怎样，要看你对父母好不好。"

十大孝星、二十四孝贤

怀庄传承孝文化的主要抓手，是孝星、孝贤评选活动。

2015年2月11日，怀庄首届"十大孝星""二十四孝贤"颁奖典礼隆重举行。会上，王钦伦、陈启龙、龚林、武剑、陈亮、陈明维、唐波、熊顺楷、张小红、龙长明10位员工，荣获怀庄首届"十大孝星"表彰。杨会乾、潘培松、李超、卢大庆、王安庆、徐小奎、鄢彬、陈玉珍、何力、高艳、周华建、张思琴、张兴娥、雷显芬，荣获怀庄首届"二十四孝贤"表彰。

2015年怀庄首届十大孝星、二十四孝贤合影

陈果（后排左二）、陈启龙（后排左七）、陈绍松（后排右二）与怀庄首届孝星、孝贤合影。怀庄认为，每个员工都优秀，开展孝星孝贤评选，将孝文化融入工作和生活。

2021年，评选出第二届"十大孝星""二十四孝贤"。十大孝星是：刘红、舒忠、徐峰、向朝燕、陈平、仇三雄、张锐、宋云龙、罗汝群、万永强。二十四孝贤是：雷富敏、谭世义、田丰华、李芹、刘贤、刘静、赵俊、周垚、陈寿喜、李跃、马毅、周武梅、冯文强、陈刚辉、马琼、李飞、卢泽伊、何力、徐晓辉、母应丽。

评选过程，既讲究民主，又非常严格。警察出身的销售部办公室主任徐峰，向我们介绍道："在最终结果出来半年前，公布入围名单。在这半年中，对公示人员进行调查。就像查案子一样，通过你的朋友和邻居，对你的家庭进行打听。证实你的确是真正讲孝道的人，最后才能获得这个荣誉。"

第五章　文化怀庄

在表彰环节，所有获奖人员，都把自己的父母，请到现场一起观礼。公司发放的奖品，由获奖人员拿走。发放的奖金，则由获奖人员上交父母。荣获第二届十大孝星的刘红说："对于老人来说，不是你给他多少钱。包括我们父母，他自己有收入，自己有钱。并不在乎你给他多少，他在乎你对他的心意。（这表示）你把他放在心上的。"

怀庄对员工讲求孝道进行表彰奖励，又让员工的父母感受到企业发展和子女成长所带来的荣誉感、自豪感。陈果道："颁奖的那天，许多职工的父母亲都来到了现场。当选的职工披红挂彩，手捧奖杯和证书。在向自己父母致敬的同时，也接受全体职工的褒奖。幸福和感动的喜悦交织在一起，写在每个人的脸上。"

在访谈前我们就已经知道，陈启先大姐在员工心中是孝顺女儿，在子女眼中是通情达理的慈祥长辈。我们问她，是否知道怀庄评选孝星、孝贤的事。她微微一笑，然后说"没评到"，她也曾有"怎么没有评我"的疑惑。"名额太少了，要拿给最优秀的员工。评几次我都没有评到，直接没提我的名。"董事长陈果、总经理陈启龙，都曾亲自提名员工作为孝星、孝贤的候选人，却都未曾提名自己的子女。

董事长对父母亲和长辈们的孝行，对兄弟姐妹和晚辈的照拂，给陈启先留下了深刻的印象。"在我爸爸的身上学得有模有样，我们几姊妹都跟着爸爸的脚步走。"其实，这就是传承，这就是家风。"老的这样做，小的也这样做。能力各方面可能有限，但基本是跟着这样做。"

在陈启先看来，董事长、总经理力主开展孝星、孝贤评选，在公司倡导和传承孝道文化，确实起到了很好的效果。"作为怀庄的员工，一定要有孝道。年终总结董事长碰到了员工，他会问今年你拿多少钱给老人。到现在为止，没有发现谁的家人到怀庄来反映，说子女对老人不孝敬。"

在接受访谈时，张小红向我们讲述了她的理解和感受。她观察到，现在大家和老人之间的相处，不管是婆媳也好，父母子女也好，都和谐了很多。"你看我们车间，几百号人，没听谁说和家里的老人吵架。多少有一点分歧很正常，没有大的矛盾。应该和我们厂里举行十大孝星、二十四孝贤的评选，有很大关系。董事长亲自言传身教，总经理也是一个大孝子。总经理、董事长（对）老人，我们也是一直看过来的，感受很深。"

张小红的家里，有80多岁的父亲，公公、婆婆也都70多岁了。"两边的老人，不管谁的老人，都是我的老人，没分他家的我家的。他对我老爸也是。"正是对双方老人不分彼此的尊重，董事长得知后亲自提名，张小红入选怀庄十大孝星，她先生也入选二十四孝贤。

有员工真情说道："一个家庭，不光要有物质上的满足，还要有精神上的满足。如果一个家鸡犬不宁的，不要说精神上满足，可能每天都是焦头烂额的，是不是？所以我切身的体会，怀庄不光给了我物质上的支撑，还给了我精神上的支撑。"

评选孝星、孝贤，其意义便在于此。

"老吾老以及人之老"

羊有跪乳之恩，鸦有反哺之义。动物尚且知道感念回报父母恩德，为人子女，更应孝敬父母、尊爱长辈。

孟子说："老吾老以及人之老，幼吾幼以及人之幼。"在人与人相处中，应当推己及人，使孝道得以升华。

第五章　文化怀庄

　　为人子女，对自己老人尽孝道，是为人的基本准则。作为企业，怀庄不但在员工中倡导孝文化，还积极作为，在社会上倡导尊老、敬老的氛围。

公司总经理陈启龙慰问老员工
每逢年节，怀庄领导都要走访慰问老员工，向他们表达公司的感恩之情。

　　2004年8月6日，茅台镇98岁高龄的特困老人董绍成去世。老人在世时，怀庄曾送上关怀。老人去世后，担任茅台镇商会会长的陈果，组织会员企业提供资助办理丧事，并亲自送上花圈。

　　2015年2月3日，陈果、陈启龙带领部分员工，前往茅台镇中心敬老院开展慰问活动。为敬老院送去了年猪、怀庄酒、水果等物资。

2016年2月3日，在猴年新春佳节即将到来之际，陈果、陈启龙率田云昌、卢大庆、龚林等，赴喜头镇敬老院开展慰问活动，为老人们送上皮衣等慰问品和现金。

上面截取的几个片段，可以感受到作为地方民营企业的怀庄，一直致力于尊老、敬老事业的倡导。企业和个人的力量是有限的，所能做出的贡献也是有限的。但榜样的力量，是无穷的。

公司员工至亲尊长，也是怀庄关心和关怀的重点对象。在每年重要节日，公司领导都要组织慰问老员工，交流公司发展近况，传达公司对老员工的感谢之情。若有员工父母至亲过世，公司倡导员工尽可能赶赴葬礼现场送别。

向朝燕告诉我们："只要董事长有空，总经理有空，哪家老人百年归天，都必须亲自到场，组织员工去祭拜。"但凡身在仁怀的公司领导，都须亲自到场。去世老人80岁以上的，组队去行三跪之礼。去世老人在70岁到80岁的，要列队行三叩首之礼。这一举措，在当地造成了很大影响，以至于市民只要看到殡仪馆人员会集，就会自觉联想到是怀庄员工家在办理丧事。

弘扬孝文化，可以使员工家庭和睦，亲情敦厚，工作起来没有后顾之忧。员工爱岗敬业，做出成绩，又能让父母高兴骄傲，让社会和谐美好。

第五章　文化怀庄

"不忘本，才能与时俱进"

怀庄倡导"三感恩"，感恩伟大时代，感恩酒都仁怀，感恩茅台古镇。陈果说：只要我们的"感恩"做到位了，我们才能不忘本，才能与时俱进。

"作为企业，必须要懂得感恩"

2021年6月28日，由仁怀市酒文化研究会主办的"庆祝中国共产党成立100周年党史知识抢答赛"，在怀庄四合院党建中心三楼会议室举行。赛前，陈果发表了热情洋溢的致辞，向参赛者分享了自己40多年的创业经历。

陈果在致辞中说："只有听党话、感恩党、跟党走，酒行业才能越做越好，越做越大，越做越强。"仁怀酱香型白酒产业迈入高质量发展快车道，离不开党的好政策，离不开各级党委政府的支持。陈果说："作为企业，必须要懂得感恩。"这不是陈果第一次在公开场合倡导感恩，倡导构建感恩文化。

从怀庄成立以来，就进行感恩教育，在公司内部推进感恩文化建设。

怀庄感恩教育活动现场

从照片展示的"三讲两爱"感恩活动到"三讲三爱三感恩",在感恩主题教育的路上,怀庄已经走出了自己的特色。

一方面,企业应该感恩员工。没有员工的共同努力,企业不会取得成功。同时,员工应该感恩企业。企业为员工提供了施展才干的平台,帮助员工拥有养家糊口、成就自我价值的能力。另一方面,企业要感恩时代,要有社会责任感,要帮助社会解决就业,要积极回报社会。

怀庄开展感恩教育的形式多种多样,不仅大会小会讲、班组开会讲,还利用墙报专栏、专题演出等,将感恩文化,融入到公司的大事小事之中。

怀庄如此重视感恩教育和感恩文化,何也?

我们知道,做人,要有良知;做事,要懂感恩!感恩是中华民族的传统美德,感恩是一种处世哲学,是善良人的一种高贵品质。中国文化自古就格外

第五章　文化怀庄

看重"恩情",更提倡把"感恩"的内在情感,进一步外化为"报恩"的具体行动。

中国传统文化包含了深厚的感恩思想。有关感恩的成语、俗语,因简洁明了朗朗上口而广泛流传,"滴水之恩,当涌泉相报""得人恩果千年记,知恩不报非君子""投桃报李""结草衔环",不胜枚举。

一个人从诞生之日起,便开始接受各种各样的恩惠:天地造物之恩,父母养育之恩,伯乐知遇之恩,贵人提携之恩,朋友援手之恩……

面对恩情,不同的人会采取不一样的反应。有人知恩图报,有人忘恩负义。当然,不同的反应必然带来不一样的结果。国外有一句谚语:"忘恩的人落在困难之中,是不能得救的。"

感恩是一种善良的选择,它可以让施恩者得到心灵慰藉,变得更加乐善好施。它可以成为一种鞭策的力量,激励受恩者奋进拼搏,以便将来具备报恩的能力。

心存善良、懂得感恩的人,更容易获得他人的帮助,其脚下的路也能越走越宽。俗话说:别人帮你是情分,不帮你是本分。这个世界,所有对你的好,都值得倍加珍惜。

"怀庄成就了你们,你们也成就了怀庄"

"在这里,把我一头乌黑的头发,全部熬掉了。现在是光了,已经成了光头了。前几天我还找了几张照片出来,发到群里。"2000年进入怀庄,已有足足23年工龄的赵海,在接受访谈时开玩笑般说道。

他给我们看了几张照片，其中两张合影让人印象深刻。一张是进公司之初游览长城，一张是在茅台镇怀庄路9号挂牌成立公司工会。照片中的赵海，洋溢着青春的脸庞，加上一头乌黑浓密的长发，十足的摇滚明星"范儿"。如今，已成了公司有名的"海哥"，典型标志是他的光头。

中午与公司领导们见面，董事长还专门问总经理："赵海发群里的照片看到没有？"接着，连续说了几遍"不容易"。短短的三个字，高度概括了怀庄40年发展中的种种艰辛。

2014年5月22日，陈果董事长在公司内部的讲话中说："我们怀庄人立足于认认真真办事，踏踏实实做人。我们不讲大话，不讲空话，不空谈理论，只认成绩。通过怀庄人的不断努力，才开创了'怀庄事业'这个非常好的平台。通过这个平台，怀庄的员工有了安定的工作环境和稳定的工资收入。"在董事长看来，怀庄是怀庄人共同努力奋斗创造的事业，怀庄也是怀庄人赖以安身立命的平台。

"怀庄成就了你们，你们也成就了怀庄"，这是赵海在接受访谈时，转述公司领导对他们说的话。董事长言道："作为一个怀庄人，我们难道不应该感恩怀庄事业，感恩怀庄这个平台吗？"怀庄人与怀庄，是一种相互成就、相辅相成、互为因果的关系。"熬掉"乌黑长发的赵海，讲起在怀庄20多年的工作经历，并无一丝后悔。更多的，是讲怀庄对他的好，以及他对怀庄真切的爱和感恩的心。

怀庄对员工，不只是停留在话语上，更多的体现在点滴的关怀之中。赵海说："过年过节的时候，董事长和老厂长要每家每户走。那时人少，就是要拜年，要走访要慰问。表达厂里对员工的一种情谊。"刚到怀庄工作时，一个月工资只有几百块钱。董事长了解到具体情况后，主动出资帮助赵海建了新房。

作为一个民营白酒企业，怀庄销售人员很多。一些员工因工作和业务拓

第五章　文化怀庄

展需要，常年驻扎在省外。每年临近过年，才有几天时间回家与亲人团聚。

每当这个时候，公司领导都会宴请这些同事聚餐，以表达感恩之情。很多同事都还记得，董事长席上说的话："大家为了公司背井离乡，在外奔波，辛苦了！我陪你们喝杯酒！"这不是简单的敬杯酒，这是公司对员工付出的认可与感恩，是来自公司领导内心深处的真情流露。

长期以来，只要得知员工家庭存在困难时，公司总是第一时间给予帮助。为了将对员工的帮助常态化，探索成立了怀庄公益社。建立专门的资金池，由公司划拨资金维持运营，为有需要帮助的员工及其家庭，提供帮助。工作和生活中对员工无微不至的关怀，在怀庄营造起了浓厚的感恩文化氛围。

包装车间班长敖正群告诉我们："我们工人，不管谁遇到什么困难，只要汇报上去，不管由我们车间里汇报，由工会、办公室汇报，公司都第一时间想办法处理。像我们车间员工，比如家里的老人或者直系亲属，生病了没钱医治什么的，公司专门有一个公益社，都会第一时间来帮助。我们包装车间，帮助好几个工人了。"

员工的表达，直白质朴。罗文献说："就我自己来讲，进怀庄时一无所有。现在，怀庄让我过上稳定幸福的生活。"徐尚权说："我感恩带我进怀庄的人，感恩董事长和总经理，他们打造了这样一个平台。让我们能够学得一点小本领，除了养家糊口，还能认识全国各地这么多经销商朋友。"熊堂乾说："这十多年，作为一个小辈走进怀庄，在董事长、总经理的指导下、培养下，实现了自己的价值和人生的梦想。"徐伦说："我们二十多岁还没有结婚，走到这个企业。今天我们所有的吃、穿、用，都是来自老板提供的舞台，给我们衣食。所以我们感觉特别幸福。"

在访谈中，我们不止一次地问：您有考虑过离开怀庄吗？不善言谈的包装女工敖世群，用她自己的话，给了我们答案。她说，怀庄给的工资比周

边同行要高一点，任何时候都不会拖欠工资。自己只是一个农村出来的普通人，能够获得一份离家近、待遇较好的稳定工作，非常开心。如果可以，会一直干下去。

在怀庄包装车间工作近20年的向朝燕，给我们讲述了一个故事。有一次，因电线短路和天气暴晒，公司内某处发生了火情。当时，公司领导没有在场。不待有人组织灭火，看到烟火的工人，第一时间冲往现场，很快扑灭了险情。向朝燕回忆说："那分钟我们都没有想着跑，都当成自己的家来抢救。"遇到险情时，人的第一反应最为真实。这个故事，极好诠释了员工对怀庄的感恩、报恩之心。

对怀庄的感恩之心，内化为日常工作的基本遵循，转化为对怀庄的呵护。怀庄的感恩文化，在公司内形成了一种亲情氛围。大家都知道，要感恩怀庄，要珍惜现在所拥有的一切。要自觉负起责任，对工作精益求精，努力为企业、为社会做贡献。

"感恩伟大时代、感恩酒都仁怀、感恩茅台古镇"

如果只是看到这里，有人可能会觉得，这不过是企业用以笼络人心的手段而已。但怀庄所倡导的，所做的，远超乎此。

在怀庄感恩文化构建中，明确提出"三感恩"，即：感恩伟大时代、感恩酒都仁怀、感恩茅台古镇。大大提升了怀庄感恩文化的高度，丰富了怀庄感恩文化的内涵。

第五章　文化怀庄

《孟子·公孙丑》有言："虽有智慧，不如乘势；虽有镃基，不如待时。"虽有才智，不如依靠好形势；虽有锄头，不如依靠好天时。人们常说，"时势造英雄"，也就是这个意思。这个道理，用在解释企业发展上，同样合适。

怀庄的发展壮大，离不开国家鼓励支持民营经济发展的政策环境。陈果说：我们只有在和平的环境中才能安居乐业，才能与家人共享天伦之乐。如果没有改革开放以来人民生活水平的普遍提高，白酒行业想要得到快速发展是不可能的。

正是具备了这样的思想高度，才能出现"感恩伟大时代"的提法。陈果详细解释到：仁怀酒业发展靠政策，"感恩伟大时代"实际上就是感恩政策；"感恩酒都仁怀"，就是感恩仁怀党委政府和各部门对企业的帮扶指导；"感恩茅台古镇"，就是感恩企业所在地的所有乡镇。"感恩伟大时代、感恩酒都仁怀、感恩茅台古镇，这是每一个员工都必须要遵守的。"

如众所知，中国著名的酿酒企业大量聚集在赤水河流域。得天独厚的天然禀赋，为酿酒产业发展提供了优越的条件。所以，要感恩这个特殊的地域环境，让怀庄能够酿造出独特的美酒。

从政策环境看，仁怀历届党政领导班子，紧紧抓住了酒这个支柱产业，积极为地方酿酒企业解决生产经营中的各种问题。从最初提出的"两眼望着山，双手抱着酒坛坛"，到对企业宽松、宽容、宽厚的"三宽政策"，从培植特色产业、发展特色经济、建设特色城市的"三特"政策，到"一看三打造"。不同时段的政策设计，都牢牢抓住了"酒"这个牛鼻子，为怀庄等白酒企业的发展，提供了良好的政策环境。

在企业感恩文化的熏陶下，怀庄在练好内功、稳步发展的同时，始终保持知恩图报之心，最大限度地尽到自己的责任。

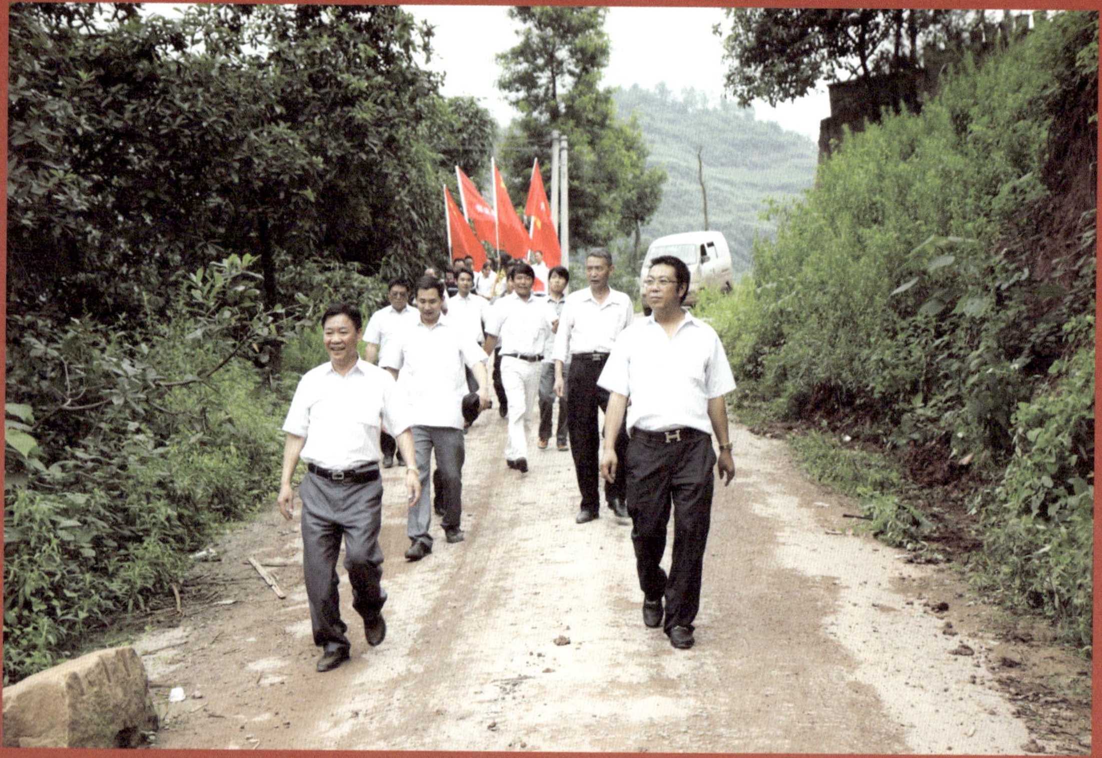

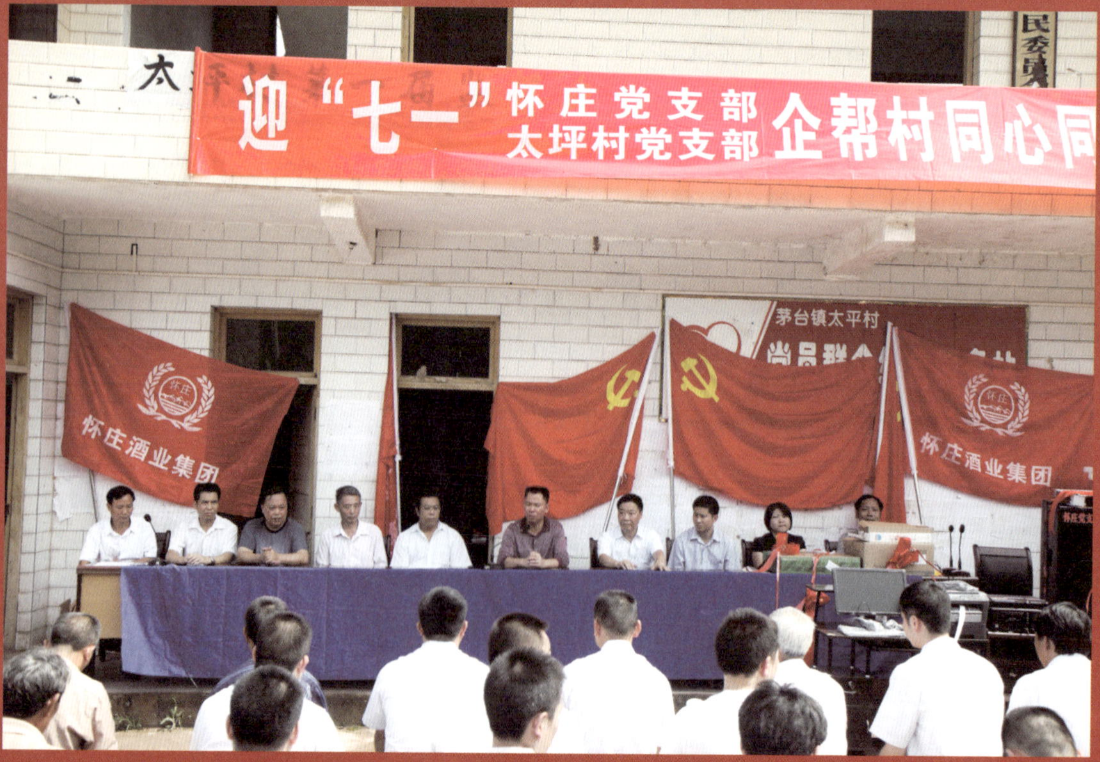

迎"七一"
怀庄党支部
太坪村党支部
企帮村同心同
怀庄酒业集团
茅台镇太平村
怀庄酒业集团

第五章　文化怀庄

长期以来，怀庄一直致力回馈社会，不仅在脱贫攻坚、乡村振兴等重大行动中表现出众。而且积极反哺乡里，参与各种社会公益活动。多年来，怀庄多次出资为周边村镇修路架桥、完善基础设施，每年拿出资金赞助学校建设、帮助贫困学子、慰问孤寡老人……

《诗经·卫风·木瓜》说："投我以木桃，报之以琼瑶。匪报也，永以为好也。"意思是对他人给的好处，以十倍百倍来报答。这不仅仅是为了报恩，而是希望永结友好。

一个懂得感恩的人，一定可以走得更远。一家提倡感恩的企业，一定走向更加辉煌。

怀庄走进茅台镇太坪村

怀庄深入基层，开展企帮村同心同行交流活动。图为2012年6月27日，陈果、陈启龙带领怀庄走进茅台镇太坪村。

第六章　责任怀庄

陈果说："回报社会是我们怀庄人的义务。"在怀庄的言说中，少有"履行企业社会责任"这样的表达，有的只是一桩桩、一件件回馈社会的实事。从刚建厂时给没通电的村庄购买变压器、树电杆、拉电线，到"金秋助学"活动给家庭困难学生发放的助学金，无不在细微处体现了怀庄的社会情怀。

不知从何时起，企业社会责任成为一个热门的词语。据研究，企业社会责任是指企业在创造利润、对股东和员工负责的同时，承担对社区和环境的责任。

在怀庄40年发展历程中，从未提过"履行企业社会责任"这样的宏大目标。只是在年终报告、公司内部通报和大事记中，简单罗列所做的事。从建厂开始，怀庄拉线通电、重文兴教、铺路修桥。决战脱贫攻坚和实施乡村振兴等国家重大战略行动中，都能看到怀庄积极作为的身影。

怀庄对文化教育事业的关心和支持，投身产区标准建设和行业发展服务，通过茅台镇商会推动重拾祭水习俗，确定茅台镇商会"回报日"，为民营企业服务产区发展树立了典范。

怀庄样本

怀庄在规模扩大的同时，积极参与地方社会事务，在看似不经意的琐碎细节中，成为地方民营酒企履行企业社会责任的样本，实现了企业责任履行的"三个转变"。

"回报社会是我们怀庄人的义务"

2004年5月18日，在怀庄会议室举行的"中国酒都"文化高层论坛上，陈果代表怀庄在发言中如是说道："回报社会是我们怀庄人的义务，光彩事业功在当代、利在千秋。"

2006年3月18日，在仁怀市工商联（商会）光彩事业工作会上，陈果做了题为"关心下一代　情系光彩事业"的讲话。陈果说："怀庄酒业经过自己的不懈努力，将企业从传统保守的小作坊逐渐培育成如今中国酒都贵州仁怀白酒十强民营企业。怀庄酒业的成功，来源于上级政府的扶持和社会各界的关心、帮助。于是，在企业逐渐壮大的时候，我心里一直不忘的就是回馈社会各界。"

在讲话的结尾，陈果还说道："生命是有限的，事业是无限的。我只为家乡、为父老乡亲做了一点点我应做的事情，尽了一点点我应尽的义务。光彩

第六章　责任怀庄

事业功在当代利在千秋，我要用有限的生命在无限的光彩事业上去作为，为光彩事业添砖加瓦，为社会文明高歌。"

事实上，怀庄是如此说，也是如此做的。

1994年4月3日，刘永好等10位非公有制经济代表人士，联合发表投身"光彩事业"的倡议书，号召广大非公有制经济人士和民营企业家，以西部大开发为重点，以项目投资为中心，通过多种方式推动落后地区的经济发展和社会进步。光彩事业迅速得到中央统战部和全国工商联的大力支持，成立了从中央到地方的各级光彩事业促进机构，将光彩事业"办大、办好、办出成效"。

"光彩事业"在全国推广前，怀庄就已经投身到为国家和百姓办好事、办实事的行动中。早在1987年，怀庄为茅台镇中华乡贫困山区购买变压器1台，架设4公里的水泥电杆，解决了该地区的农用电和照明问题。当时的怀庄，还是一个小企业，就已经注重回馈社会。

刘永好等人倡议开展"光彩事业"后，怀庄迅速投身到光彩事业中来，在行动中秉承"致富思源，富而思进，扶危济困，乐善好施，义利兼顾，以义为先，发展企业，回馈社会"的光彩精神，为社会做出力所能及的贡献。

各级政府部门的表彰，新闻媒体的报道，是对怀庄光彩事业的充分肯定。1997年7月，中共仁怀市委、仁怀市人民政府颁发荣誉证书，以表彰"在智力支边、光彩事业扶贫工作中作出贡献的陈果同志"。2003年8月，贵州电视台、贵州人民广播电台、《贵州日报》《贵州政协报》《贵州民族报》陆续刊发报道，充分肯定了怀庄为光彩事业做出的贡献。2009年，陈果荣获遵义市"十佳光彩之星"称号。2011年，怀庄获"遵义市光彩事业促进会二届理事单位"，董事长陈果当选为理事。

怀庄企业社会责任履行的三个转变

有社会责任，才有企业品牌。财富的此岸是金钱，财富的彼岸是德行，怀庄无比赞同这一观点。作为一个民营酒企，怀庄坚持以人为本，践行"成长源于仁怀，发展反哺仁怀"的理念，用实际行动凝练、汇聚企业精神力量。追寻怀庄40年履行企业社会责任的道路，有如下三个重要的转变。

一是从"守德"向"崇德"转变。

建厂以来，怀庄相信良好道德是企业发展的不竭源泉，在坚持质量第一的同时，持续加强企业道德建设。"守德"，成为融入怀庄骨髓的观念。从1996年开始，怀庄连续多年被评为纳税"先进单位"，没有发生一起违法行为，没有出现过一次产品质量事故。

随着经营规模的扩大，怀庄以更加自信和坚定的态度，推崇企业道德建设。在健康向上的企业文化引导下，形成扬品德、扬道德、扬仁德和扬美德的良好氛围。怀庄引导员工和同行企业崇德，用德行为社会责任的履行，提供强大精神动力，实现从"守德"向"崇德"的转变。

二是从"自愿"向"自觉"迈进。

怀庄成立伊始，便积极响应政府号召，自愿参与到回馈社会的各项活动中来。每遇到政府发出号召或公益组织、个人登门的情况，怀庄总会积极伸出援手。进入21世纪，逐渐壮大的怀庄，公益行动更加密集。主动走出厂门，为了解到的急难险重问题伸出援助之手，为社会发展助一臂之力。

2002年，集资修建茅台镇官坟山墓地道路。2003年，赞助茅丹公路[①] 进

[①] 茅台至四川省古蔺县丹桂镇。

第六章 责任怀庄

口段加宽硬化工程,独资安装茅台大桥西岸桥头至河口大桥路灯。2008年初,仁怀遭受百年不遇的雪凝灾害,造成电力和交通全面中断,怀庄的生产和销售处于瘫痪状态,仍出资出物慰问战斗在抗灾一线的五马交警中队、供电局和养路队。

在自觉承担社会责任的道路上,怀庄还借助茅台镇商会、怀庄公益社等平台,常态化担当社会责任。不仅将担当体现为捐钱赠物,还将传统文化传承、酱酒文化弘扬和促进白酒产业健康发展,视为企业重要任务。

三是由"示范"向"引领"发展。

每逢六一、中秋、春节等节日,怀庄总是坚持到小学、敬老院等开展公益活动。几十年的坚持,使其成为仁怀民营企业中积极履行社会责任的示范企业。此外,怀庄还利用自身影响力,引领更多的企业和个人,聚沙成塔、汇涓成溪,投身到社会责任履行中来。

用坚实脚步拓下怀庄印记

陈果始终认为,一个酱酒企业的发展,要承担地方就业和环境保护两项社会责任。在这一观念的指导下,怀庄积极吸纳就业,加强生态环境保护,用坚实的脚步留下深深的印记。

就业,是最大的民生工程、民心工程、根基工程。对于企业来说,通过自身持续发展壮大,为社会贡献更多的就业机会,改善员工及其家人生活,就是最大的社会责任。怀庄自成立以来,始终把提供岗位、吸纳就业作为企业最大的社会责任,在扩大社会就业方面做出积极贡献。

> **怀庄40年**
> 一个酱酒品牌的发展史

从1983年的8名员工，到建厂30周年时的500多人，再到如今的1000余人。从事怀庄产品销售的人数，还要更多。特别是坛厂和合马酿酒基地建设，面对被征地的百姓，怀庄积极消化存量，给出了合理的薪酬待遇。现在，"厂二代""厂三代"比比皆是，员工幸福感不断提升，能就业、就好业在怀庄得到实现。在就业这个最大的社会责任上，怀庄交出了一份属于自己的完美答卷。

与其他产业相比，酱香型白酒产业发展，更加依赖水土的供养。怀庄处于中国酱香白酒核心产区，深刻认识到保护环境、保持生态的重要价值。20世纪90年代，怀庄自筹资金建立了环保处理设施，用实际行动彰显生态环保的担当。

为了更好推进企业履行生态环保职能，怀庄在2003年成立环境保护工作领导小组，由厂长陈启龙任组长，副厂长赵海、宋庆维任副组长。领导小组成立后，积极开展工作。2004年，加大投入力度建成环保处理设施，顺利通过环境保护设施和操作的监察，成为仁怀市第一家完善环境保护以及污水处理设备的民营酿酒企业。连续多年荣获环保先进单位，以实实在在的行动保护赤水河流域良好的生态环境，实现"投身生态文明建设"向"守好发展和生态两条底线"的华丽转变。

大爱无言，润物无声。怀庄的坚守，得到社会各界和各级政府部门的高度认可。2009年12月31日，中共遵义市委统战部、中共遵义市委宣传部、遵义市经贸委、遵义市劳动和社会保障局、遵义市乡镇企业局、遵义市工商行政管理局、遵义市工商联下发文件，授予陈果"优秀中国特色社会主义事业建设者"称号，以表彰陈果和怀庄在"坚持改革开放、推动经济发展、扩大就业渠道、促进社会和谐"等方面做出的贡献。

第六章 责任怀庄

决战脱贫攻坚

在决战脱贫攻坚的伟大征程中，陈果荣获遵义市脱贫攻坚奉献奖。这是对怀庄参与国家重大战略行动的最佳褒奖，也是激励怀庄在脱贫攻坚和乡村振兴战略行动中继续努力的推动力量。

时代赋予怀庄的特殊印记

2018年10月17日，遵义市召开脱贫攻坚表彰暨先进事迹讲述会。遵义市委、市政府领导出席大会，对荣获脱贫攻坚先进集体和脱贫攻坚贡献奖、奉献奖、奋进奖、创新奖的个人进行表彰。

在此次大会上，

陈果荣获遵义市脱贫攻坚奉献奖

这份由中共遵义市委、遵义市人民政府颁发的荣誉，属于陈果，也属于怀庄。

陈果荣获脱贫攻坚奉献奖。在决战脱贫攻坚、决胜同步小康的征程中，怀庄与其他先进集体和个人一道，不断创造出无愧于时代、无愧于人民、无愧于历史的光辉业绩。

改革开放以来，党和国家实施大规模扶贫开发，使数亿农村贫困人口摆脱贫困，取得了举世瞩目的伟大成就，谱写了人类反贫困历史上的辉煌篇章。

1994年3月，国务院印发《国家八七扶贫攻坚计划》，是1994年到2000年间全国扶贫开发工作的纲领文件。"八七"的含义，是指当时全国农村8000万贫困人口的温饱问题，力争用7年左右的时间基本解决。以该计划的公布实施为标志，我国的扶贫开发进入攻坚阶段。

2013年11月，习近平总书记在湖南湘西考察时，首次提出了"精准扶贫"的理念，是我国相当一段时期内贫困治理的指导思想。2014年《国务院办公厅关于进一步动员社会各方面力量参与扶贫开发的意见》指出：民营企业、社会组织和个人通过多种方式积极参与扶贫开发，社会扶贫日益显示出巨大发展潜力。要"大力倡导民营企业扶贫"，"鼓励民营企业积极承担社会责任，充分激发市场活力，发挥资金、技术、市场、管理等优势，通过资源开发、产业培育、市场开拓、村企共建等多种形式到贫困地区投资兴业、培训技能、吸纳就业、捐资助贫，参与扶贫开发，发挥辐射和带动作用"。

2015年11月29日，《中共中央、国务院关于打赢脱贫攻坚战的决定》提出，确保到2020年我国现行标准下农村贫困人口实现脱贫、贫困县全部摘帽、解决区域性整体贫困，是我国继"八七"扶贫攻坚计划后第二次提出脱贫攻坚战。12月16日，仁怀市召开落实大扶贫战略行动率先打赢脱贫攻坚战推进大会，新时代仁怀脱贫攻坚战正式打响。怀庄等民营企业积极响应号召，多措并举，投身到决战脱贫攻坚、决胜全面小康的伟大历史行动中，并取得骄人的成绩。

第六章　责任怀庄

脱贫攻坚之怀庄"史记"

在党中央、国务院发出打赢脱贫攻坚战的总攻令之前,怀庄就一直奋战在扶贫、脱贫第一线。

怀庄与仁怀10个村结成帮扶对子,定期开展帮扶活动。2011年6月,怀庄捐赠电脑、打印机等价值10余万元的物资,支持仁怀市坛厂镇樟柏村、茅台镇太坪村、合马镇罗村村、大坝镇小耳沟村、高大坪乡尧坝村、二合镇同民村、鲁班镇冠英村、五马镇龙里村、九仓镇白果寺村、苍龙街道下坝村等推进办公信息化建设。同时,给10个村的贫困党员送去了20000元慰问金。

2015年底,仁怀市教育局、仁怀市总工会、仁怀市妇女联合会、共青团仁怀市委员会4家单位,授予怀庄"2015年扶贫济困助学十佳优秀企业(社会团体)"荣誉称号,表彰怀庄在扶贫、济困、助学上的突出贡献。

怀庄扶贫济困助学表彰

2015年怀庄扶贫济困助学十佳优秀企业表彰,在扶贫、济困、助学的路上,有太多怀庄身影。

根据仁怀市委政府"精准扶贫"挂帮要求，积极开展"千企助千村，精准扶贫"活动，怀庄通过精准调研施策，积极开展精准扶贫工作，多措并举，在脱贫攻坚战中贡献怀庄力量。

红军转战之地喜头镇卫星村，有850多户人家，其中贫困户83户196人。2016年5月31日，怀庄集团党委赴仁怀市喜头镇开展精准扶贫活动，向卫星村30户村民送去了精准帮扶资金20000元，用于农户购买猪崽，待年底猪崽育肥后，怀庄按市价进行回购。同时，向卫星小学送去价值45000元的校服、书籍和体育器材。8月4日，仁怀市在喜头镇卫星村举办众筹扶贫捐款仪式，总经理陈启龙代表怀庄再次向该村捐赠精准扶贫资金20000元。2018年8月，怀庄在卫星村开展金秋助学活动，为新考入大学的12名学子发放40000元助学金。在深入调研的基础上，怀庄精准施策，通过教育扶贫和产业帮扶，累计投入20多万元资金，卫星村在怀庄的帮扶下如期实现脱贫出列。

长岗镇太阳村，地处海拔1300多米的高山上，遍地山石，土地贫瘠。全村2700余人，贫困人口达900余人，是仁怀市的重点扶贫村和全省的深度贫困村。2016年11月21日，怀庄为村民送上棉被、大米、菜籽油等价值50000元的过冬物资。2018年6月，怀庄为太阳小学送上价值30000元的学习用品。

除了重点帮扶结对村子外，怀庄还广泛开展订单式帮扶、产业扶贫、众筹式帮扶等精准扶贫工作，在扶贫的同时向农村教育的"扶智"倾斜。如2016年，举行公益封坛大典，向结对帮扶单位捐赠精准帮扶资金21000元。

仅2017年，怀庄以不同形式开展公益活动9场次，累计投入资金约10万元。年初，坛厂街道办事处举办"众筹扶贫、爱心捐赠"座谈会，怀庄捐赠现金5000元。年底陆续赞助多笔扶贫资金，其中：仁怀市工商联20000元，仁怀市酒业协会3000元，龙井镇立英村6000元，喜头镇困难户黄华强4500元物资。此外，怀庄还向茅台一小赞助30000元教育基金。

仁怀市精准扶贫结对帮扶牌

贵州怀庄酒业（集团）有限责任公司帮扶基地

喜头镇卫星村

2015.12–2017.12

怀庄结对帮扶仁怀市喜头镇卫星村

2015年至2017年间，怀庄结对帮扶喜头镇卫星村，开展了系列帮扶活动。帮扶期满，怀庄仍然延续着与卫星村的故事。

到2020年，怀庄帮扶规模和投入资金数量，仍在继续扩大。5月20日，怀庄向仁怀市政协赞助2000元，用于盐津街道一家困难户的精准扶贫工作。8月3日，公司组织员工开展众筹精准扶贫活动，向学孔镇村民购买20000元的乌洋芋。9月12日，茅台镇太坪村举行"金秋圆梦"助学活动，怀庄赞助精准扶贫经费10万元，助学金35000元，购买赠送价值20万元的图书资料。

据统计，仁怀市脱贫攻坚战打响以来，怀庄先后投入200多万元资金助力仁怀市精准扶贫事业。2019年10月22日，仁怀市举行2019年"全国扶贫日"表扬活动暨全员脱贫扶贫对象动态管理工作会，怀庄荣获仁怀市"脱贫攻坚先进帮扶企业"。

大历史下的怀庄经验

在回顾怀庄参与精准扶贫大业，总结所取得的经验时，有这么几点值得注意：

一是摸清底数，精准施策。充分发挥怀庄公益社、工会等群团组织的优势，对结对帮扶的单位和个人进行摸底调查，详细采访登记，掌握迫切需要解决的问题，精准施策。

仁怀市九仓镇小水村的敖立家庭，是多个接受怀庄帮扶的家庭中的一个。敖立早年在外务工受伤，下身截肢瘫痪，失去劳动力。妻子离家出走，大儿子在外毫无音讯，只剩下一个12岁的小女儿在家。镇里和民政部门为敖立家庭提供了帮助，但生活依然困难。了解到这一情况后，怀庄开展登门走访，得知急需过冬用的回风炉和煤炭，紧急提供8000元，委托村里为他们采购。

第六章　责任怀庄

二是创新思路，产业帮扶。

在精准扶贫中，怀庄不断创新思路，以订单式扶贫、消费扶贫为切入点，科学施策，解决帮扶对象对生活的期盼，增添战胜困难的信心。仁怀市龙井乡，有着核桃之乡的美誉。怀庄通过走访得知，该乡几家困难户种有不少核桃，随即全部买下，并预付了第二年的购买订金。学孔镇的特产乌洋芋，怀庄也通过消费扶贫的方式，加大购买力度，助力困难户脱贫。结对帮扶的喜头镇卫星村，怀庄通过投入产业发展基金，补贴农户购买仔猪饲养、年底育肥后回购的模式，助力村民脱贫。

三是建立工作机制，整合社会资源。

怀庄以"和谐怀庄·大爱无疆"为主题，成立怀庄公益社，建立怀庄公益基金，有组织地开展精准扶贫工作。以怀庄公益社为平台，持续助力脱贫攻坚和乡村振兴。同时，怀庄充分利用非公企业优势，积极整合资源，与经销商、代理商、供应商合作开展众筹，多渠道筹集资金，有组织、系统性地开展精准扶贫工作，涉及赞助社会组织、慰问受灾群众和困难员工、捐助精准帮扶资金以及扶贫捐款等多类活动。

与政府力量和更大体量的企业相比，怀庄的力量固然显得薄弱。但在脱贫攻坚的国家战略下，怀庄等企业置身其中，坚持"脱贫攻坚为本"，充分发挥各自优势，激发扶贫工作的活力和群众脱贫的可持续发展能力，在解决贫困问题上付出巨大勇气和决心，为仁怀顺利打赢脱贫攻坚战贡献了怀庄力量。

万企兴万村 怀庄在行动

> 实施乡村振兴战略，是党的十九大作出的重大决策部署。在乡村振兴大业中，怀庄充分发挥民营企业优势，结对帮扶樟柏社区，继续关心卫星村等脱贫村社的振兴发展。

从"万企帮万村"到"万企兴万村"

2015年10月17日，全国工商联、国务院扶贫办、中国光彩事业促进会正式发起"万企帮万村"行动。该行动以民营企业为帮扶方，以建档立卡的贫困村、贫困户为帮扶对象，以签约结对、村企共建为主要形式，用3到5年时间动员全国1万家以上民营企业参与，帮助1万个以上贫困村加快脱贫进程，为打好扶贫攻坚战、全面建成小康社会贡献力量。

按照全国"万企帮万村"精准扶贫行动的安排部署，贵州在全国率先启动"千企帮千村"精准扶贫行动。截至2020年脱贫攻坚行动结束，贵州省参与帮扶的民营企业达5849家，投入帮扶资金236.8亿元，帮扶贫困村落4914个，直接帮扶贫困人口166.13万人，累计吸纳近12万贫困人口就业。在这一过程中，怀庄结对帮扶10个村，通过发展产业、解决就业、采购消费、公益捐赠等方式，帮助结对帮扶村实现脱贫。

2021年2月25日，全国脱贫攻坚总结表彰大会在人民大会堂隆重召开。习近平总书记在讲话中庄严宣告："我国脱贫攻坚战取得了全面胜利。"习近平总书记在讲话中还指出："我们要切实做好巩固拓展脱贫攻坚成果同乡村振兴有效衔接各项工作，让脱贫基础更加稳固、成效更可持续。"

"万企帮万村"行动为打赢脱贫攻坚战做出了重要贡献，为全面推进乡村振兴奠定了基础。党中央审时度势，作出了实施"万企兴万村"行动的决策部署。

2021年7月9日，中华全国工商业联合会、农业农村部、国家乡村振兴局、中国光彩事业促进会、中国农业发展银行、中国农业银行联合印发《关于开展"万企兴万村"行动的实施意见》，标志着以民营企业为主体的"万企兴万村"拉开帷幕。16日，六部门在山东省潍坊市召开全国"万企兴万村"行动启动大会。

国家从"帮"到"兴"的战略考量，要求"万企兴万村"行动聚焦乡村振兴战略新形势、新任务、新要求，在发展特色产业上用力、在稳就业带创业上用力、在参与乡村建设上用力，组织动员企业以点带面，促进乡村全面振兴。

与往常一样，仁怀市积极行动，将国家层面部署的"万企兴万村"落实为"百企兴百村"示范创建工作。2021年11月8日，仁怀市委办公室印发《仁怀市"百企兴百村"示范创建行动方案（试行）》，提出了仁怀市民营企业参与"万企兴万村"行动的总体要求、基本原则、组织保障、工作举措和实施步骤，并公布仁怀市"百企兴百村"示范创建结对帮扶名单。其中，怀庄对口帮扶坛厂街道樟柏村。

怀庄在行动

2023年1月12日，陈启龙总经理在《2022年工作总结》中，向大家报告："通过对樟柏社区广泛深入调研，公司组织党员志愿者前往社区开展'百企兴百村·怀庄在行动'志愿服务活动，分组进行走访慰问，向20户居民发放大米、食用油等7000元生活物资及24000元现金。"怀庄与樟柏结缘甚早。2011年4月19日，坛厂包装基地动工。这一刻，便与樟柏结下了不解之缘。不过，当时的名称是"坛厂镇樟柏村"，现在唤作"坛厂街道樟柏社区"。

据樟柏社区支部书记陈金科介绍：樟柏社区辖地面积12.9平方公里，有耕地3785亩。11个居民组，1238户，5540人。有41名党员，设立三个党小组，社区干部7名。园区有大型企业14家，小型企业99家，提供就业1800余人，在建重点项目1个，待建重点项目3个。

2021年12月15日，中共仁怀市坛厂街道工作委员会办公室、仁怀市人民政府坛厂街道办事处办公室联合印发《樟柏社区"百企兴百村"乡村振兴示范创建工作方案》，明确了支部共建、就业共帮、设施共建、民生共扶、人才共育5个方面的10项工作任务清单。

结对帮扶关系确定后，怀庄和樟柏社区积极开展行动。2022年1月5日，怀庄与樟柏社区就"百企兴百村"工作举行交流座谈会。安排部署"百企兴百村"乡村振兴相关工作，坚持以党建为引领，以产业项目为引擎，注重工作机制创新与公益性的有效衔接，为仁怀市建设西部地区共同富裕示范市作出积极贡献。1月22日，在陈果、陈启龙带领下，开展"百企兴百村·怀庄在行动"志愿服务活动，也就是总经理《2022年工作总结》中提及的一幕。此后，怀庄与樟柏社区之间开展了广泛的帮扶活动。

"百企兴百村 怀庄在行动"

2022年1月,怀庄走进结对的樟柏社区,深入居民家中了解具体情况。

据陈金科支书提供的资料显示，一年多以来，怀庄帮扶樟柏社区做了很多工作。

怀庄党支部和樟柏社区党支部，联合开展主题党日活动，加强交流，增进了解。让怀庄党员走进社区，了解社区居民所需、所想。让社区党员干部走进企业，了解企业所能、所为。怀庄帮助社区成立劳务派遣公司，更好地为园区企业提供劳务服务。

怀庄充分满足稳岗就业需求，保障社区特殊群体就业难的问题，确保正常劳动力收入稳定，扎实有序推进相关工作，解决社区人口就业超200人。

樟柏社区有脱贫户91户、监测户2户、新增低保户4户、重残户43户、困境儿童4人，他们劳动力薄弱、收入低。怀庄有效采取物资和资金资助，分类施策，积极帮扶。对于困境儿童，承诺帮扶至长大成人直至大学毕业。

仅2022年，怀庄开展"巩固稳定脱贫攻坚"主题活动，帮扶资金40000元和价值5000元物资；帮扶困难退役军人，资金2400元、价值8000元物资；"六一"走访慰问困难儿童家庭，资金28000元、价值2800元物资；"金秋助学"资助社区新考上大学本科学生21名，资金45000元。

2022年2月，社区内的6号路因灾垮塌，怀庄出资310万元加固维修。针对鱼孔公墓山利民桥通行不便的情况，怀庄已预算8万元加宽，正准备组织施工。

在多彩贵州网知名记者彭奇伟看来，怀庄与樟柏有着必然的地缘联系、必然的产业联系、必然的劳动关系和必然的情感联系，四个"必然"给结对帮扶带来不少的便利。

在仁怀市"百企兴百村"乡村振兴示范创建行动中，怀庄所做的，远不止于此。陈启龙总经理《2022年工作总结》报告中，明确提及金额的助学、捐赠、赞助等活动，约近40万元。

第六章　责任怀庄

如果我们将视角转移到樟柏社区外，发现在乡村振兴的道路上，处处皆有怀庄的身影。

与卫星村未完的故事

开始，我们以为"百企兴百村"中，怀庄只是帮扶樟柏社区。

一天傍晚，我们拨通喜头镇卫星村吴向方支书的电话，想要了解一下前些年怀庄的帮扶情况。

在电话中，吴支书告诉我们，开始怀庄因为政策原因帮助他们。但这几年，和卫星村建立了很深厚的感情，帮扶时间过了后，也依然在持续帮扶和关注卫星村。政府没有要求它帮助卫星村，但怀庄对卫星村的帮助，仍然在延续。

这与我们在怀庄了解到的情况，是一致的。田云昌告诉我们，"百企兴百村"，怀庄帮扶的不止樟柏社区。吴支书说："怀庄这几年帮助卫星村，我们也走进怀庄学习。怀庄确实是一个很有担当、有社会责任感的企业。"

吴支书介绍："陈果董事长是我们乡村振兴的导师，平时工作中比较关心我们，对我们的指导、帮助比较多，经常到我们这儿来指导。特别是在产业发展上，给我们提了很多宝贵的意见。"最近一两年来，怀庄给卫星村做的，主要集中在教育帮扶、产业发展和农产品购销上。

对卫星村小学的帮扶，延续了前些年的模式。在六一儿童节前后，怀庄会赴学校开展慰问活动。吴支书告诉我们："最近几次给的钱，学校根据自己的需求买东西。"去年，怀庄给村小买了价值1万多元的图书资料。

近年来，卫星村根据实际情况，开始栽种茶树、培植茶园。村室旁边的一片茶园，因早期选种和管护不到位，导致茶苗大部分枯死。怀庄了解到这一情况后，拨付专门的资金，购买茶苗，将缺漏补上。事虽微小，但对那几户村民来讲，却是大事。

如果说在教育和产业发展上，怀庄采用的是资助这种较为直接的方式。那么，双方在实践中摸索出的农产品购销模式，则是助推乡村振兴走向深入的必然选择。

吴支书介绍道："喜头镇是农业乡镇，没有任何工业。"前几年，企业帮扶了很多钱，但对地方经济发展而言，效果不明显。经过与企业沟通，"他们说你们有那么多农产品要往外销，企业正好需要。以这样的方式，更能带动喜头镇的产业发展，这是沟通碰撞出来的火花。"通过农产品购销的方式，一方面，"把老百姓的农产品销售出去了，老百姓的积极性更高"。另一方面，通过怀庄的宣传和推广，喜头镇的农产品在一定范围内有了相当的知名度。

通过怀庄与卫星村搭建起来的平台，喜头镇整合资源打包推广农特产品乌洋芋。吴向方讲道："今年，喜头镇整合6村1社区的资源，镇里牵头做了一个平台公司，将全镇的农产品打包。企业采购一部分，同时帮我们往外推介一部分。我们和企业在这几年的探索中，摸索出来（这种方式）。一方面是企业需要，同时他能帮助地方农产品、村集体经济发展。能够更好地让我们从原有的'输血式扶贫'，变成现在的'造血式帮助'。"吴向方认为，这种模式"比直接来慰问多少钱的效果更好"。

2023年8月6日，仁怀市融媒体中心刊发一篇报道"百企兴百村"的文章，主题是"村企'牵手'铺就乡村振兴致富路"，对通过怀庄搭建的乌洋芋购销渠道助农增收模式，进行了报道。

经过调研后，彭奇伟用"'百企兴百村'示范创建工程中的怀庄实

第六章 责任怀庄

践",来总结和赞扬怀庄"乡村振兴,功成必定有我"的奉献精神。

正是通过怀庄和卫星村在"千企帮千村"中建立的联系,在"百企兴百村"助力乡村振兴的过程中,探索出了一条通过农特产品购销、推广的常态化合作模式,充分发挥企业在农特产品采购和消费引领方面的示范作用,助推农村特色产业发展和村集体经济壮大,从而实现乡村产业兴旺和村民生活富裕的目标。

捐资助学：怀庄新传统

通过开展慰问活动、捐资助学、提供物资、讲授党课等不同形式，怀庄在仁怀地方教育事业的发展上，留下了属于自己的印记。

"我将尽我所能"

2004年9月9日，在仁怀二中第20个教师节大会上，陈果深情回忆道。在回顾自己人生经历时，每当受到委屈，就想回到母亲的怀抱，感受母爱的伟大。每当受到挫折时，就想回到家中，让家庭的温暖融化心中所有的困惑。每当遇到困难时，就会想到曾经教过他的中学、小学老师。老师们诲人不倦的高贵品质，春蚕吐丝的奉献精神，亲近和蔼的音容笑貌，都让他终生难忘。老师们"捧着一颗心来，不带半根草去，默默奉献着智慧和年华，在平凡而又极其重要的岗位上熬白了双鬓。"

他接着讲道："我家有六代人从事过教书事业，我也教过书。我最体会教师自学成才的艰辛，我最理解教师对自己学生给予的殷切期望，我最理解教师是多么地希望得到学生家长的积极配合和社会各界的大力支持。我将尽我所能，一如既往地关心、支持茅台的教育发展。"

第六章　责任怀庄

　　陈果曾做过一段时间的老师，对教育事业有着特殊的感情。在向大家解释茅台何以是茅台时，他曾写道："茅台这片土地上，地灵人杰，历来英才辈出，这与地方兴文教、重人文密不可分。旧时的茅台码头，社会贤达、商会精英支持地方教育事业发展的事迹更是举不胜举。"

　　事实上，与"旧时"相比，现今的茅台人更加重视地方教育事业的发展。"从私塾、学堂、小学、中学，发展到今天以茅台命名的本科大学，这是茅台人兴文重教的育人情怀。"

　　正是因为曾经的从教经历，陈果认识到教师的不易，认识到教育事业的发展需要社会力量的大力支持。陈果带领下的怀庄，也在"兴文重教"中，"竭尽所能"做出自己的贡献。

"教育是一个时代的特殊记忆"

　　《父亲在群力中学》，是陈果的一篇回忆文章。在文章的开头，陈果引述他父亲常说的一句话："教育是一个时代的特殊记忆。"他的父亲陈德文，曾在创造了仁怀教育史奇迹的群力中学任教。

　　1958年至1961年间，陈德文在半工半读、半耕半读的群力中学任教。1958年1月20日，《人民日报》头版头条刊登了题为《勤工俭学边读边耕——长葛和仁怀两所中学的办学方法值得提倡》的报道，同时刊发社论《两个好榜样》，对河南长葛县第三初级中学、贵州仁怀县群力农场业余初级中学的办学模式，给予了高度赞扬，称群力中学在"学习文化同时建设山区"。

怀庄走进中小学

怀庄走进茅坝镇茅坝中学、长岗镇井坝九年制学校，开展捐资助学活动。

第六章　责任怀庄

每每谈及父亲的这段经历，陈果的眼中都满是自豪。1969年到1971年间，陈果也曾在当时的中华公社坪子小学教书。教师世家的传承和荣耀，让陈果对教育有着深切的认识。教育事业的发展，离不开政府所提供的基础保障，也离不开社会各界的广泛参与和大力支持。

1992年，茅台镇教育促进会成立，怀庄是其中较为积极的一分子。当年，仁怀二中教学楼因火灾焚毁，促进会积极行动，迅速汇集各方力量，促成学校重建。2018年12月19日，茅台镇爱心助学会成立，汇聚新社会力量和新的社会阶层人士，关心和支持地方教育事业的发展。在成立大会现场，怀庄捐款10万元，传承茅台人优良的教育传统和朴实的敬学情怀。

陈启龙参加茅台镇爱心助学会活动

2018年12月19日，茅台镇爱心助学会成立，陈启龙代表公司捐款10万元。其后，怀庄每年均积极参加助学会相关活动。

在各种助学、兴学活动中，都能看到怀庄的身影。据《贵州怀庄酒业（集团）有限公司志（1983—2013）》载：1994年至2003年的十年间，每年六一儿童节，怀庄都要到茅台一小、茅台二小开展慰问活动，给老师和学生们送上祝福。茅台镇中华小学、渡口小学、红旗小学等学校，怀庄都曾前往慰问，表达对师生的尊重和对地方教育发展的关心。

除了每年的慰问和"六一助学"外，怀庄还陆续为仁怀各学校提供赞助，用以支持地方教育事业的发展。2008年，怀庄赞助仁怀市乡村小学体育用具费用、茅台三小电脑购置费用和仁怀一中"70周年校庆"部分费用。2010年，怀庄提供赞助，为茅台镇太坪小学、沙坝小学全体学生购买夏、冬校服各一套，并购置音箱、乒乓球台等用品用具。

下面仅截取两个片段，以窥见怀庄助学的热心。

2013年5月，怀庄向仁怀五中赞助18000元，用以支持"怀南教育杯"篮球赛。赞助仁怀市2013年中学生篮球运动会5000元，后山民族中学第二届民族民间文化进校园汇报演出5000元。5月31日，为长岗镇中心小学、茅台镇星鑫幼儿园等学校送上"六一"关怀与祝福，为鲁班镇尚礼小学捐助5000元的"六一儿童节"活动经费。6月，向喜头镇一名贫困高中学生发放5000元。12月，赞助后山苗族布依族自治乡50000元，用以修建民族文化广场，传承弘扬民族传统文化。并赞助后山乡民族小学教育奖励基金20000元。

2019年5月13日，怀庄赴五马镇云安小学开展助学活动，送去校服288套，还有篮球、羽毛球、乒乓球拍、学生笔记本等近4万元物资。5月27日，坛厂街道楠木村爱心助学会成立，怀庄赞助10000元。8月23日，怀庄到四川省古蔺县茅溪镇天富村开展奖学金发放活动，向该村8名新考取大学的学子发放24000元助学金。8月26日，大坝镇新田村举行金秋助学活动，怀庄赞助10000元。次日，举行员工子女奖学金发放仪式，向5名员工子女发放奖学金10000元。

如今，怀庄捐资助学已经形成"六一助学""金秋助学"等公益项目。

怀庄金秋助学

图为2021年、2023年怀庄金秋助学活动现场照片。上图前排两侧分别为陈启龙、陈果，下图对应位置则为陈元、陈浪，怀庄新生代逐步走向前台。

怀庄公益社成立后,公司的捐资助学和慰问活动,都以公益社的名义开展。通过公益社,怀庄实现了更有效地整合资源,为捐资助学活动提供了更有力的平台保障。电脑、打印机、校服、饮水机、书本、文具、体育用品、床上用品,不一而足。为家庭困难的患病学生、大学生提供资金支持,勉励他们迎接更好的人生。

捐资助学的背后,是"和谐怀庄·大爱无疆"扶贫、扶智、助学、济困的初心和坚守。追溯怀庄的捐资助学传统,董事长陈果、总经理陈启龙起到了极其重要的带头示范作用。他们的热心教育,体现于提供物质支持,更体现在涵养文化内质,为地方教育事业发展和困难孩子上学就业提供力所能及的帮助,鼓励更多学生通过书本看到更广大的世界、走向更广阔的天地。

在无数个怀庄助学故事中,有一个让周山荣印象深刻。在周山荣负责怀庄办公室工作时,"有个孩子,到厂里转了几圈,不知道他要干什么"。待孩子推开办公室的门,一问之下,男孩才说自己是学生,"想来打工",问怀庄要不要人。后来了解到,男孩住在大坝镇乡下,在茅台集团子弟学校"农村班"念高中。由于家境贫困,学费成了问题,打算利用暑假,打工挣钱补贴费用。周山荣将男孩介绍给陈果,他没说收不收人,只对男孩说:"你回去好好读书吧,开学了再来找我。"开学后,陈果替男孩交了学费。从此,男孩成为怀庄的常客,念书没有了后顾之忧。后来,男孩考入贵州大学,陈果又一次性捐助10000元。像这样的捐助对象,怀庄还有不少。

特殊的党课

2018年8月5日,仁怀市大坝镇新田村。这天,陈果在村里以《我骄傲!我是酒都人》为题,给村里的在读大学生讲了一堂特殊的党课。

陈果为新田村在读大学生讲党课

2018年8月5日,一堂特殊的党课在仁怀市大坝镇新田村举行。

说它特殊，得从新田村的具体情况说起。新田村位于桐梓河边，群山环绕，距仁怀市区40公里。人均耕地不足一亩，山高坡陡，土里掺石，数千亩的山坡很难找到一块像样的平地，曾是贵州省级一类贫困村。为了找到破解千百年贫困的方法，"再穷不能穷教育，再苦不能苦孩子"的理念深深扎根于此。近年来，村子里陆续走出了数百名大学生，成为远近闻名的"大学生村"。

说它特殊，在于这堂党课得到众多单位的大力支持。遵义市委统战部，仁怀市人大常委会，仁怀市脱贫攻坚指挥部，仁怀市教育局，新田村村支两委，新田村同步小康驻村工作组，都提供了支持和指导。

说它特殊，还在于主讲人陈果的特殊身份。陈果不只是怀庄酒业的董事长，是一位成功的民营企业家。他还是怀庄集团党委书记，是一位优秀的共产党员。他将党课的讲坛，设在村子里，面向村里在外上大学的青年学生，能不特殊吗？

在课上，陈果讲道："一个国家，一个城市，一个村庄，都是因为有人才而发展，而兴旺，大坝镇新田村就是这样一个有希望的村子。今年你们上线的就有61人，这是多么令人骄傲的成绩啊。"在一个小时的党课中，陈果从党的历史、仁怀文化、感恩行孝、道德行善等方面，为村里124名大学生上了生动一课。

陈果寄语新田村的大学生们："如果说人生是一本书，那么，大学就是书中的彩页。如果说人生是一台戏，那么，大学就是最为精彩的一出。"陈果说，作为新时代的大学生，"你们年轻，学识渊博，思路新颖"，是"家人的骄傲，是家乡仁怀的骄傲，希望你们在新的环境中快速适应，认真学习，积极宣传美丽的酒都仁怀。将来学成归来，报答父母，回馈家乡，努力成为国家和民族的栋梁之才"。

第六章 责任怀庄

怀庄人的身影,还出现在很多场捐资助学活动、教师节活动、庆祝活动和开学典礼上。在活动讲话中,陈果多次寄语学生:"你们是祖国的未来,你们将肩负着实现中华民族伟大复兴的重任,希望你们珍惜这读书学习的好时节,刻苦学习、聆听老师的教诲,掌握更多的科学知识,历练优秀的人生品质,将来为建设祖国、建设家乡,为实现中华民族伟大复兴的中国梦而贡献力量!"

怀庄秉承"诚信为本,用心酿酒,依法经营,富有公德,敢于担当"的理念,助力地方文化和教育繁荣发展,陈果多次获得"尊师重教先进个人""关心下一代工作突出奉献者"等表彰。

如今,在政府和以怀庄为代表的各方社会力量共同努力下,孩子们正在良好的教育氛围中追逐梦想,成就梦想。正因为有无数个怀庄这样的企业,地方教育环境一步步变得更好,一幅更好学习环境、更多学习机会、更强后勤保障的美好图景,正在凝结、铺展。

为产区发展奉献怀庄智慧

作为中国酱香白酒核心产区的一员，积极建言献策，贡献怀庄智慧和经验。还亲自参与到产区技术标准制定、生产管理服务提升等工作中来，推动核心产区健康发展。

建言献策为产区

在《回忆我的骄傲时光》中，陈果写道："在组织上和各部门的关心下，我曾当选遵义、仁怀市、茅台镇三级党代表，我于1987年10月当选仁怀县第十届人大代表至今的32年，人大代表和政协委员连续当选了10届，曾聆听审议过10任县长市长的政府工作报告，也参与了10任县长市长的任职选举。""不管是在党代会，还是人代会，或是政协会，同志们早已给我这陈大哥冠上'大嘴巴'的名号。说我提案多，涉及面广，发言积极。"

陈果长期认真履行人大代表和政协委员职责，多次针对地方经济建设、酱香型白酒产业发展、酿酒人才队伍建设等问题建言献策，提出富有建设性的提案和意见，得到有关部门的高度重视。

2013年4月，陈果在仁怀市与非公有制企业座谈会上发言，提出仁怀白酒产业要抓住发展机遇，重视食品安全、提升白酒品质，注重文化内涵、塑造知

第六章　责任怀庄

名品牌、强化服务职能、改善服务环境，获得参会领导和同行的一致赞同。

2017年7月，《贵州省赤水河流域保护条例》修订座谈会上，贵州省人大常委副主任傅传耀等参加。陈果在大会上作精彩发言，受到参会领导的高度肯定。

2019年4月，陈果在《遵义市茅台酒类生产区保护条例》①立法会议上发言，提出遵义市酿酒企业要以高质量发展为目标，加大对小规模酒厂和作坊的整合力度，大力保护酿酒原料安全，加强酿酒生态环境保护，积极保护酱香型白酒传统酿造工艺。

在陈果董事长的影响下，怀庄当选的人大代表、政协委员，都积极建言献策，为产区发展贡献怀庄智慧。

2022年7月13日，遵义市政协推动白酒包材配套产业发展专题议政会暨双月协商座谈会召开，为白酒包材配套产业发展提质增效、做优做强建言献策。怀庄酒业田云昌与陈强、张宗萍、梁绍辉等委员一道，受邀作了大会发言。

在发言中，田云昌认为，遵义产区酒类包装普遍呈现无文化、无创意、无设计的状况。田云昌建议，应依托遵义产区丰富的文化资源，重视创意设计。聚焦创意产业发展，推动白酒包材创意园区提质增效。优化白酒包材市场主体，培育和打造白酒特色包装创意品牌。聚焦人才支撑，多渠道培育酒类包装创意人才。践行生态环保理念，倡导白酒简约包装和适度包装。整合各方资源，加大包装创意和知识产权保护力度。参会的遵义市领导和市直部门负责人，对相关建议予以高度肯定和积极回应。

---

① 该条例后更名为《贵州茅台酒生产环境保护条例》。

服务产区发展

怀庄不但坐而言，还起而行，积极投身到中国酱香白酒核心产区的发展大业中。

在标准体系建设工作中，怀庄作为发起单位之一，与茅台、茅台学院、贵州省产品质量监督检验院仁怀分院、仁怀酱香白酒科研所等20多家单位一起，制定了《仁怀大曲酱香酒技术标准体系（2015年）》。该标准体系包括8项一至七轮次基酒标准、综合基酒标准和2项技术规范，为仁怀产区大曲酱香型白酒企业的轮次酒生产提供技术指导。

在此基础上，结合标准执行与生产实际，2019年又修订为《仁怀产区大曲酱香酒技术标准体系》10项标准。其中产品标准3项，《仁怀产区大曲酱香一至七轮次基酒》《仁怀产区大曲酱香综合基酒》《仁怀产区大曲酱香酒》；生产技术标准3项，《仁怀产区大曲酱香基酒生产技术规范》《仁怀产区酱香大曲生产技术规范》《仁怀产区大曲酱香酒标准样品系列制备技术规范》；指南标准1项，《仁怀产区大曲酱香酒风味轮应用指南》；检测方法标准3项，《酱香型白酒中风味成分的测定》《高粱中直链淀粉、支链淀粉的测定》《小麦、高粱中粗淀粉测定》，用以规范和指导仁怀产区酱香型白酒生产，不断提升中国酱香白酒核心产区整体竞争力。

积极参与行业协会工作，发挥头部企业的引领带动作用，是怀庄服务产区发展的着力点之一。2003年6月，仁怀市酿酒工业协会成立，陈果当选为常务副会长。2014年，仁怀市酿酒工业协会变更为仁怀市酒业协会，陈果任副会长。

2015年，遵义市酒业协会、仁怀市酒业协会组建白酒品评酒师专家委员会。2018年，改组挂牌为遵义市酒业专家委员会、仁怀市酒业专家委员会。怀庄质量总工徐伦，入选专家委员会专家，与其他数十位专家一起，提升酱香型白酒生产工艺技术传承和质量管理水平，为产区和企业创新协调发展贡献力量。

茅台镇商会的金字招牌

在组织和领导茅台镇商会时，陈果倡导重拾的茅台镇祭水习俗，以及每年腊月十五的回报日活动，成为商会传承至今的招牌，是仁怀市酒业发展的亮丽名片。

"感恩这条神奇的赤水河"

2018年2月13日，遵义市人民政府下发通知，公布遵义市第四批非物质文化遗产名录。仁怀市申报的"茅台镇重阳祭水习俗""茅台重阳祭酒节"，双双入选民俗类新增项目。同批入选的，还有"珍酒酿制技艺"等，可见茅台镇重阳祭水习俗，对当地来说有多么的重要。

重拾茅台镇重阳节祭水习俗，与陈果和怀庄的倡导分不开。1997年6月17日，茅台镇商会成立，陈果当选为副会长。2003年8月6日，举行换届选举，陈果当选为会长，直至在茅台镇商会第四届大会上受聘名誉会长。在两届会长任期内，陈果与商会会员企业一道，为中国酒都的发展和茅台镇的建设，做了很多的实事、好事。

第六章　责任怀庄

2003年怀庄酒业自发举行祭水活动

在怀庄等茅台镇酱香型白酒企业的共同努力下，祭水活动成为一项具有独特意义的民俗活动。

在茅台镇商会2004年度总结大会上，陈果说："中国酒都已经落户仁怀，茅台镇是中国酒都的核心区，对维护酒都的声誉和发展酒都的经济，我们全体会员都有义不容辞的责任。"如何融入酒都日新月异的发展趋势，为仁怀市白酒产业发展注入新的活力，是陈果和茅台镇商会一直在思考的问题。

陈果说："俗话说得好，衣食足礼仪兴。这些年来，正有了赤水河的好水，茅台镇这块酿酒的好土地，让大家在这片土地上烤酒兴业，都有了很好的发展。不忘本，懂感恩，历来就是茅台人的优良传统。我们有了发展，说到底要感恩什么？我想，大家的回答是一样的，那就是感恩这条神奇的赤水河。"

陈果和茅台镇商会积极采取行动，将这种感恩的心，外化为具象的行动。经茅台镇党委政府同意，决定在2004年农历九月初九重阳节（10月22日），由茅台镇商会集资举办首届"茅台祭水节"。

2004年10月13日，在茅台镇首届茅台祭水节动员大会上，陈果发表了题为"传承茅台先民信仰 办好茅台镇祭水节"的讲话。陈果说：每年农历九月初九举办茅台祭水节，围绕酒文化开展系列活动，"于公于私我们都要响应号召，踊跃出资，但这决不是摊派"。"我们要把祭水节办好，虔诚地祭拜赤水河，因为赤水河是红军四渡赤水的英雄河、母亲河、美酒河。……把祭水节办好了，我们中国酒都的酒文化有了故事可讲，也会更加增添我们仁怀城市的文化内涵。"

在动员大会现场，陈果代表怀庄捐赠现金5000元，用于首届"茅台祭水节"。在动员大会的现场，除怀庄外，20家会员企业踊跃出资，集资7万余元，确保了首届"茅台祭水节"的成功举办。

事实上，赤水河与酱香型白酒之间的关系，正是水与人类关系的一个缩影。从某种意义上说，水可谓万物之源。有"四大文明古国"之称的古巴比伦（幼发拉底河、底格里斯河）、古印度（印度河、恒河）、古埃及（尼罗河）和中国（黄河、长江），都起源于大江大河流域。通过祭祀等活动对河流表达感恩、敬仰之心，历史较为久远。在陈果和茅台镇商会的发动下，将"茅台祭水节"这一民俗活动恢复，并提升到一个新的层次，意义重大且深远。

2004年的首届茅台祭水节上，时任仁怀市文联副主席穆升凡在祭文中写道："秋高气爽，时正重阳，酒都人民，设祭台于河滨，司典雅之祭仪，临水凭祭。母亲河，英雄河，美酒河。虔心祷告，风调雨顺，五谷丰登，民安国泰。"道出了祭水节的深层次文化内涵。

正如祭水节活动后一位作者所说："在宋家沱隆重举行的茅台祭水活

第六章 责任怀庄

动,是酒都人民承传先哲辉煌,展望未来腾飞的独有祭礼。祭祀是一种寄托,祭祀是一种展示,祭祀是一种升华。"首次举办祭水节,就得到了社会各界的广泛关注。

此后陆续举办的"茅台祭水节",都有陈果、怀庄和茅台镇商会的身影。如2007年的祭水节,"各会员单位都当成自己的事来抓,纷纷出资,筹集资金17.1万元支持活动,还扎了彩车参加游行,营造了良好的节日氛围、打造了亮丽酒都"。

如今,"茅台祭水节"已经走过了20个年头,祭祀礼仪和活动组织形式更为完善,祭水节与其他活动的联动更为贴切,祭水节的主题也得到了更好的彰显。如2016年的"茅台祭水节",分前奏/报时、取水、祭酒、开酿、尾声/分享等几个阶段。从仪式流程来看,是传统祭祀仪式的程式化表达,融合了仁怀一地独特的酿酒习俗。祭水节所要表达的是,在现代化强势推进的当下,借助传统文化的力量,助推仁怀酿酒产业遵循传统文化和传统酿制方法。

每年的祭水活动,是一场文化的盛宴,展现仁怀酿酒人对水这一万物之源的敬畏,展现了他们对一年一轮回的生产周期的长期坚守。同时,活动的开展,又是一场宣传酱香酒的重大活动,让对酱香酒感兴趣的人们,来体验,来观察,来参与,来感悟,共同塑造新的、属于全体酿酒人和消费者的酱香酒文化。

正是在陈果和各位酿酒人的倡导、努力下,茅台祭水节成为圈内一张亮丽的名片。

"回报社会是我们商会工作的优良传统"

2008年1月22日,茅台镇商会会长陈果,在2007年工作总结报告中,说了上面的这句话。彼时,陈果已是第二次担任茅台镇商会会长。

1997年6月17日,为了促进企业之间的交流合作,提升茅台镇白酒品牌影响力和市场竞争力,提高企业社会责任感和服务社会水平,茅台镇商会应运而生。在第一届商会,陈果当选为副会长。

2003年8月6日,陈果在茅台镇商会第二届换届大会上当选为会长。2007年,陈果继续当选第三届茅台镇商会会长,直到2010年第四届大会上受聘名誉会长。陈果任茅台镇商会副会长6年,担任会长7年,连续多年担任名誉会长。

在领导茅台镇商会服务会员企业和地方发展的过程中,陈果给区域商会的运作,提供了一个值得关注的样本。

在陈果的提议下,将每年农历腊月十五,定为茅台镇商会的回报日。商会组织会员企业,慰问茅台镇敬老院,"我们要让院民们知道,他们年轻时为茅台镇的工农业生产做出的贡献,今天的社会各界人士是记住的,我们要让他们体会到党和政府没有忘记他们,非常关心他们的幸福晚年"。慰问驻茅台酒厂武警官兵,"他们远离亲人,为我们国酒的安全站岗放哨。"陈果说,"我们少喝几箱酒,少花几百块钱",也要表达对社会各界的感恩。他们为茅台镇的长治久安和持续发展,为茅台镇白酒产业的兴旺繁荣,做出了牺牲和贡献。

第六章　责任怀庄

陈果慰问茅台镇敬老院老人

陈果带领下的茅台镇商会，将每年腊月十五定为回报日并开展系列慰问活动，成为商会延续至今的一项重要传统。

　　茅台镇商会与地方党委政府保持高度一致，加强会员单位之间的沟通交流，主动维护茅台酒声誉。如2007年，各会员企业在7月30日遭受了特大洪灾，造成了重大的经济损失，但仍然挤出资金回报社会。

　　1月2日，农历腊月十五，商会会员企业积极参加回报日活动，出酒104件、现金9200元，慰问茅台消防中队、茅台敬老院等单位。

　　5月17日，拿出现金2000元，帮助茅台镇上坪村村民，抢救误服农药的孩子。

6月，商会赞助茅台镇龙舟队12500元，参与遵义市龙舟竞赛，并取得第二名的好成绩。

7月，为宣传中国酒都仁怀，商会集资105000元，在中央二台经济栏目制作播放茅台镇非公有制酒类企业专题报道。

10月，在任远明副会长提议下，集资29000元购置五台警用摩托车，赠送给茅台交警二中队和派出所。

10月19日（农历九月初九重阳节），在茅台举行祭水活动，筹集资金17.1万元。

据不完全统计，从2003年到2009年的数年间，茅台镇商会参与公益回报活动42次，累计捐资150万余元，酒755件。此外，还组织会员企业积极配合酒厂搬迁和风貌改造等工作。贵魂酒业、茅竹酒厂、万福酒厂、古窖酒厂、爱心酒厂等主动协议搬迁，配合茅台镇长征大道和高速入口建设。怀庄酒业、老掌柜酒业、京华酒业等主动配合茅台镇风貌改造。

茅台镇商会回报社会的传统，一直传承至今。影响的范围，远超过茅台镇本身。在它的影响下，由青年企业家组成的仁怀市青年商会，唐晖、梁绍辉、吴和洋、吴明翰等年青一代，在助力脱贫攻坚、扶贫帮困、抗疫救灾、乡村振兴中发挥积极作用。

第七章　书香怀庄

"茅台德庄书屋"主要收藏赤水河流域地情图书资料，是怀庄着力打造的独特标识，是陈果畅想"赤水河流域文化中心"的重要组成部分。书香更胜美酒香，让每一滴酒，都流淌着文化的因子。

《礼记》有言"四十曰强",《论语》也说"四十不惑"。一路风雨兼程、高歌猛进,怀庄以雄壮矫健的英姿,迎来了40华诞。40年积淀,可歌可泣、可书可表之处甚多,那是扎根在每一位怀庄人心中的宝贵财富,数不尽、道不完。

高大整洁的厂房、崭新的设备、骄人的业绩、良好的口碑,一草一木、一砖一瓦,都凝结着怀庄人的心血和感情。赤水河流域地情图书资料馆暨茅台德庄书屋*,是怀庄众多成就中极具标示性的一项。建成茅台德庄书屋,坐拥数万卷藏书。倡导员工读书,荣获中华全国总工会颁发的"职工书屋示范点"。怀庄营造出了浓厚的氛围,书香酒香浑然一体,散发出文化酒的芬芳。

---

* 根据仁怀市业务主管部门的文件,正式名称是"赤水河流域地情图书资料馆暨茅台德庄书屋",简称"茅台德庄书屋"。根据2019年8月7日仁怀市文体旅游局文件,更名为"茅台德庄图书馆",但"茅台德庄书屋"的名称仍延续使用。在本书中,仍以"茅台德庄书屋"称之,部分地方用"图书馆"指代。

"德庄的儿子"

> 作为"德庄的儿子",陈果和怀庄不但坐而言,还起而行,推进德庄文化的保护、传承与弘扬。正是在传承弘扬德庄文化的过程中,"茅台德庄书屋"的构想逐渐清晰起来。

"德庄的儿子"

长期扎根贵州的著名作家叶辛,在为陈果《德庄人的情结》撰写序言时,如此写道:"没有人想到,他不声不响地,捧出了一本书稿","他真的是有德庄情结的",是"德庄的儿子"。这篇序言,就叫《德庄的儿子》。

叶辛还写道:陈果走了世界上不少的国家,同样赞颂异域的风光和景物。但最爱的,还是茅台河谷的德庄,是留下他们家族几辈人脚印的家乡。诚如叶辛所言,陈果曾遍游俄罗斯、意大利、法国、德国等欧洲国家,也曾到过大洋彼岸的加拿大、美国。

德庄,是陈果、陈绍松生于斯长于斯的地方。那里的道路桥梁、一草一木,都让人难以忘怀。德庄,是怀庄的起源地,是怀庄的精神文化"元典"。正是这个名为德庄的村寨,孕育了大江南北享有盛誉的怀庄品牌。从这个角度说,"德庄的儿子",不仅包括了陈果们,还包括她孕育出的怀庄。

第七章　书香怀庄

叶辛《德庄的儿子》手稿

《德庄的儿子》，是著名作家叶辛为陈果《德庄人的情结》一书所作的序言。

如今，德庄的大部分地方已经被茅台酒厂征用。在哺育出中国驰名商标怀庄后，在养育了世世代代的德庄人后，融入了茅台酒厂中华片区，为茅台酒的发展，为贵州打造全国重要的白酒生产基地，做出德庄贡献。

德庄文化现象

如万物生灵一样，村庄也有其生命。德庄这个在赤水河边延续了数百年的村子，为了给茅台酒的发展"让路"，结束了村庄承载村民繁衍生息的功能，终结了作为村庄的生命。一个曾经有着具体指称的地名，现在变成了茅台酒厂的第二十五车间。

所幸，德庄还留下了几处文物保护单位，以及数百年来积淀的德庄文化。周山荣曾说："茅台德庄之底蕴，堪称茅台酒镇建筑风貌的孤本，更是赤水河流域人文历史的生动注脚。"周山荣"孤本"之说，并非空穴来风，是基于对茅台镇古建筑遗存的大范围调研走访。德庄的意义，不仅仅是"生动注脚"，其本身就是赤水河流域人文历史的组成部分。德庄是怀庄的精神文化"元典"，是赤水河流域文化繁荣发展的重要见证。

作为"德庄的儿子"，陈果和怀庄为了守护、传承德庄文化神髓，做了不少的工作。成功申建各级文物保护单位，是其中颇值得大书特书的一件。此举让德庄这个小小的村庄，拥有省、市、县三级文物保护单位，造就具有典型意义的德庄文化现象。

《我家老房子》，是陈果写于1997年12月4日的一篇文章。文中写道：我家老房子老了，冷清了，但老房子的余荫仍然庇护着我们。正是出于这种感恩之心，陈果和怀庄一直致力于德庄文化的保护和阐扬。陈果文中所说的老房子，就是位于德庄的三合院。现在的三合院，位于茅台酒厂新建区域内，其保护工作已经由贵州茅台酒股份有限公司全面接管。若非其成为省级文物保护单位，恐怕会像其他民居一样对待。

第七章　书香怀庄

仁怀市首批市级文物保护单位文件

1998年，德庄陈于逵墓被列为仁怀首批市级文物保护单位，开启了德庄文物保护的重要里程碑。

文物保护单位申建，不是一时之力所能成就。既要有长期的坚持，又要有对文物保护的相应投入。1998年，仁怀市人民政府下发文件，确认德庄陈于逵墓为首批文物保护单位。该批文物保护单位共四处，位于盐津河的国酒门和巨型酒瓶，是当年仁怀着力打造的标志性景观，至今仍是重要景点。红军四渡赤水纪念塔，则记录了茅台与红色文化的不解之缘。

2005年，仁怀市又将德庄三合院、德庄石院墓[①]两处文物，列为文物保护单位。2015年，"茅台德庄"列入遵义市第二批文物保护单位。2018年7月31日，贵州省人民政府下发文件，公布第六批省级文物保护单位，始建于清道光年间的"仁怀茅台陈氏民宅（茅台德庄）"名列其中。

历经20年的保护和传承，德庄文物的价值终于得到认可，成功列入省级文物保护单位。"三合院"，是人们对"仁怀茅台陈氏民宅（茅台德庄）"这一文物的称呼。只要一说三合院，都不必在前面加上"茅台德庄"，当地人都知道指的就是这里。整座建筑由石围墙、朝门、三合院、影墙等组成，布局精巧，结构完整，风格堪称一绝。大门门楣上，高悬竖式火焰状匾额，上书"奉旨加赠都察院经历衔"。

在三合院附近的陈大常墓、陈于逵墓，墓外以石院围合，墓坊、石凳、石桌、石桅桩保存完好。从建筑形式到石刻题词，体现了儒家传统墓葬文化。

在致力于文物保护的同时，陈果编印了《茅台德庄》《茅台德庄陈氏诗文集》《茅台德庄碑碣匾额拓片集》《茅台德庄人物交游考》《德庄人的情结》《儒家雅园——德庄》《茅台德庄述评》等书籍，对"茅台德庄"所蕴含的文化精神和文脉进行全方位透视。

陈果对德庄文物的保护和文化的阐扬，引起了贵州省社会科学院领导和专家的重视。时任党委书记吴大华教授，组织精干团队，撰写了《作为乡村文化资源的茅台德庄》《文物保护利用的"德庄经验"》《让文物焕发出属于时代的光彩》系列调研文章，刊载在《贵州日报》《当代贵州》《贵州政协报》上，将德庄文化的研究与阐扬，推向了一个新的高度。

同时，因偶然机缘在三合院发现的契约文书，释读工作也取得进展。经研究，这批文书共54件，内容涉及银两借据、纠纷调解、土地买卖、抵押借

[①] 即陈大常墓。

第七章　书香怀庄

贷等，时间从清代乾隆年间直至中华人民共和国，跨越近两百年历史，对研究当地居民姓氏、地名变迁、生态环境、文化状况、风俗习惯都有重大的意义，是一部活的村落历史。经整理后，这批文书被命名为"茅台德庄陈氏契约文书"，纳入"贵州稀见文书汇编"，由贵州省出版传媒事业发展专项资金资助，2022年在贵州大学出版社公开出版发行。

《茅台德庄陈氏契约文书》书影
在德庄三合院发现的系列文书，是了解德庄陈氏和赤水河流域社会发展的重要历史资料。

遵义文化名家黄先荣曾说，德庄文化现象历200余年而不衰，既佐证着大茅台文化基因的存续，也彰显着文化秩序的历史渊薮。诚哉斯言也！幸有"德庄的儿子"，幸有德庄文化，承载着茅台古镇和赤水河流域的历史与人文。

怀庄40年
一个酱酒品牌的发展史

怀庄的文化标识：茅台德庄书屋

茅台德庄书屋，这座由陈果一手创建的图书馆，给怀庄的每一滴酒，添加了几许书香，也成为怀庄的独特文化标识。

在接受贵州日报天眼新闻记者向秋樾的采访时，陈果言道："我从前教过书，读书是自然而然的事。创业路上吃了不少苦，阅读和写作是抚慰自己的一种方法。也是因为热爱读书，才有了后面的'赤水河流域地情图书资料馆·茅台德庄书屋'"。

质朴的话语，道出了陈果和怀庄创设茅台德庄书屋的初衷。

"我们要给后代留点东西"

弗朗西斯·培根曾说，"知识就是力量"。知识的习得和传承，需要可供依凭的物质条件——图书馆和书。在如今这个瞬息万变、信息爆炸的时代，短视频、轻阅读、碎片化信息充斥我们四周。

短视频和读图时代，虽也促进了知识的传播。但知识的学习，还是需要静下心去读、去想。唯有如此，才能获得知识养分的滋养，进而培养出有力量

第七章　书香怀庄

的人才。经历过太多喧嚣和繁华，沉静下来后，怀庄的翰墨书香更能涤荡我们的心灵。

说起怀庄的书香，故事还要追溯到一百多年前的清代。据《茅台德庄人物交游考》一书记载，德庄陈氏多有科名。辛亥鼎革后，则多以教师为业。德庄陈氏文武并举、诗书传家，在乡村社会中起到了开明乡绅的榜样作用，为本地的文教事业和社会发展做出了重要贡献。

在《茅台德庄陈氏契约文书》中，多有书籍交易和收藏的记录。如"民国七年（1918）十二月二十□日当约"，附载陈氏的一张购书单。有《目连传》《十二觉》《因果传》《轮回传》《修真宝筏》《游冥劝善录》等书，合计花费1103文。虽多是佛教劝善类书籍，但一次性购入6种17部，也从一个侧面反映了当时人们对"善"的追求和对书籍的珍视。

怀庄成立后，捐资助学、振兴地方文教的善举，时见报章媒体报道。2011年1月13日，怀庄向仁怀市图书馆赠《清代诗文集汇编》，总计800册，价值28万元。

当被问及捐赠是出于什么样的考虑时，陈果直言："为了推动仁怀文化事业大发展大繁荣，打造国酒文化之都，弘扬茅台人文，这是我们民营企业的社会责任。仁怀图书馆作为国家三级图书馆，但藏书量却不及仁怀一中图书馆的三分之一。"捐赠《清代诗文集汇编》，"是我为仁怀文化事业奉献的一点心意"。后来陈果说，经历此事后，更增进了他对书和图书馆的了解。

陈果曾担任过教师，对知识、书籍的重要性有着深刻的认识，对赤水河流域文化建设事业的关心，也超乎常人。茅台德庄书屋创建的背后，就蕴含着浓浓的乡情与温情。

陈果不止一次地说，他创建图书馆，是源于对这片乡土深沉的爱。2016年，仁怀市提出打造赤水河流域区域性中心城市的战略目标。陈果就在思索，

怀庄40年
一个酱酒品牌的发展史

赤水河流域各县、区、市，从经济总量和综合实力而言，仁怀可算是当之无愧的龙头老大。但"如何更加完善和优化仁怀的城市魅力和文化内涵，我们民间力量应该有所作为"。

他说："赤水河流域的文化不可丢失，我们要给后代留点东西。""我就思索着筹建一个图书馆，名字就是'茅台德庄书屋'，其收藏图书的主要特点就是'赤水河流域地情资料图书'。"

茅台德庄书屋外景

位于坛厂四合院内的茅台德庄书屋，不只是一座藏书的图书馆，还承载和赓续着德庄数百年文脉。

第七章　书香怀庄

赤水河流域地情图书资料馆暨茅台德庄书屋

陈果将建设一座企业图书馆的想法，向仁怀市文体广电新闻出版局提出书面报告，很快得到批复文件。2016年夏，陈果开始沿赤水河流域进行了"轰轰烈烈的'收书'活动"。

在"收书"过程中，陈果专门邀约龙先绪、穆升凡等地方文史专家，为搜集书籍提供思路，一起奔走在赤水河流域，足迹遍及四川、重庆、贵州、云南4省市20多个县、市、区，搜集到该流域散落的、带有明显地域特征的书籍资料，达1万余册。

单就文献的收集量，都让人不由得肃然起敬。为了购买这些资料，陈果积极奔走、出钱出力、任劳任怨，跋山涉水艰辛备尝。而获得文献资料的喜悦之情，与之交织在一起，共同谱成了茅台德庄书屋成立的慷慨激昂序章。

陈果自述："在图书馆的建设中，我们可以说是毫无经验，当初就是一股脑的收集图书。不管是什么书籍，只要是有意义的，都会在我的收集范围之内。这些年，不管到哪个领导或朋友家或办公室，我的眼睛关注最多的就是他书柜里的书。""因为创建图书馆，到赤水河流域的许多地方去收集书籍。我通过这些走动，认识了许多有学识、有学问的朋友和领导，他们给予图书馆许许多多的支持和帮助。"

陈启先记得，当决定创办茅台德庄书屋后，父亲陈果在与家人的聊天中，"话风"都有些变了。他会兴致勃勃地跟家人讲，出差到了哪里，看到了哪一本书，以及这本书有着什么样的价值，准备找来放到德庄书屋里。收书是他亲力亲为、自掏腰包，但凡发现有值得收藏的书或者什么新的收获，"都在

家庭微信群里发"。陈启先说:"我们很支持他。我的文凭不高,但觉得老人家收藏的一些书籍,可能会造福很多人。"茅台德庄书屋是老人家的心血,也是所有怀庄人共同的辛勤付出。

经过紧锣密鼓的筹备,位于坛厂怀庄四合院的图书馆投入使用。叶辛为茅台德庄书屋题写了馆名。足见怀庄此举,得到了文化界的高度认可。一栋古色古香的二层小楼,建筑面积1800平方米。一楼有琴棋书画室、职工阅览室和大师讲堂。二楼为资料馆,藏有赤水河流域及周边26个县区市的地情图书资料。

作为怀庄集团的职工书屋,不仅内藏书目门类齐全,更是搭建书法绘画"阵地",另辟区域摆放着古筝、钢琴、二胡等乐器,环境静谧优雅,使人倍感舒心惬意。

闲暇时光,员工或是零距离沐浴书香,或是操练琴棋书画,更可时常聆听名家大咖在此传道解惑,何其乐哉。

怀庄这种颇具匠心的构思布局,充满了人文情怀。既体现了对德庄慎终追远、尊崇敬仰的温情与敬意,又体现了怀庄继承传统、锐意创新的开拓精神。历史和现实在这里交汇,先辈的期盼、叮咛和怀庄的坚持、守望在此汇聚,迸发出勃勃生机。

在《当代贵州》刊发的一篇访谈中,陈果言道,茅台德庄书屋"是目前滇黔川渝四省市最大的赤水河区域民间图书馆"。确如陈果所言,茅台德庄书屋馆藏书籍达5万多册,主要涉及赤水河流域地情资料,涵盖文学、历史、族谱、酒文化和地域文化。

馆内收藏有《文渊阁四库全书》《贵州文库》《遵义丛书》等大型文献典籍。赤水河流域的地方志书、红色文化、酒文化、家谱等,亦非常可观。至于前贤时彦的文集著作,更是多不胜数。

第七章 书香怀庄

茅台德庄书屋内景

茅台德庄书屋收藏有大量赤水河流域的地情资料,是一个从事区域专题研究的好去处。

《北史》有言,"丈夫拥书万卷,何假南面百城"。足见拥有万卷书籍之乐趣,甚于帝王之坐拥百城。清人藏书,多以"八千卷""万卷"为目标。以此为准,茅台德庄书屋的5万余册书籍典藏,差可与"玉京娜嬛,天帝藏书处也"的"娜嬛"相埒。

同时,陈果还坚持出书、赠书与购书的统一。他一方面整理地方文献、文化资料,编撰属于德庄自己的书籍,一方面赠送德庄书籍以为宾朋交往、旅游发展大会的礼物。在迎来送往、交接往还中,扩大茅台德庄和怀庄的文化影响。当然,图书馆的发展还需要稳定的资金投入以购置书籍文献,怀庄为此付

出了心血，为这座图书馆的运转做好了充足的物质准备。

建造书屋，怀庄是为传承、挖掘、探寻、整理、传播赤水河流域地域文化，研究赤水河流域文明。这份情怀，在漫长的时光中悄然积淀，最终成为怀庄可贵的精神文脉，为品牌打造酝酿出强固的文化根基。

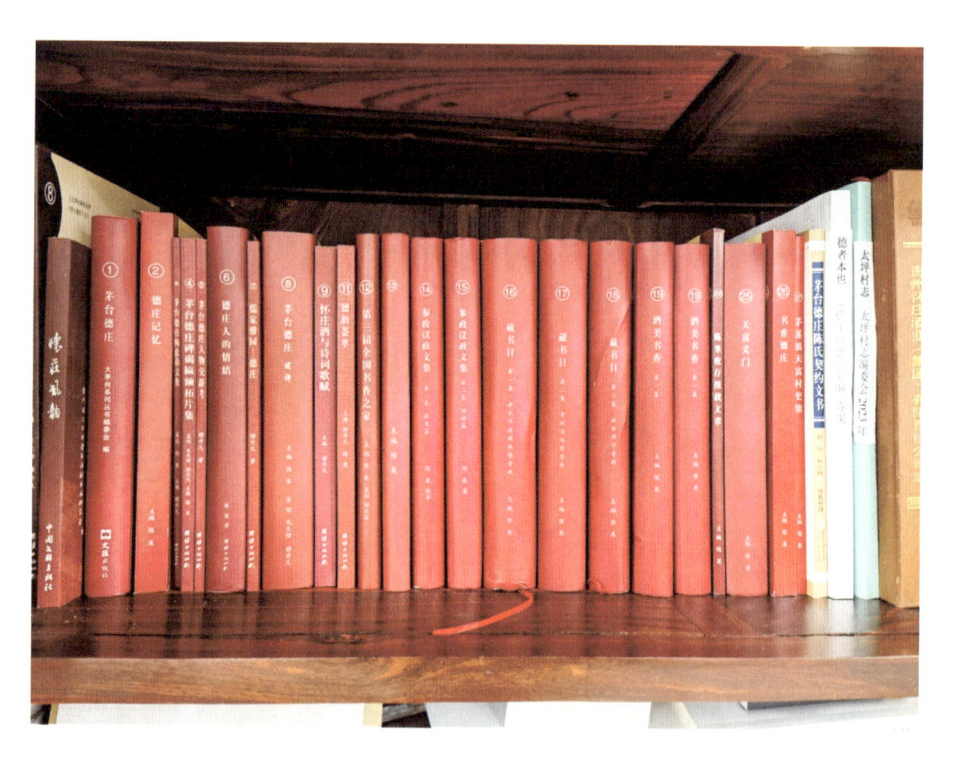

茅台德庄系列丛书书影

陈果持续多年编印的茅台德庄系列
丛书，是对德庄和德庄文化的诠释
与致敬。

第七章　书香怀庄

书香更胜美酒香

> 茅台德庄书屋开放参观，成立专门的讲解队伍，倡导员工读书，营造起热爱读书的氛围，让"书香更胜美酒香"。陈启先告诉我们："所有的客人来，100%都要参观书屋，成怀庄的一个亮点了。"

书屋讲解小分队

为厚植文化基因，怀庄成立讲解小组，接待前来参观的客人。宋小青、赖思燕、穆河亭、王小芳、李婉莹，5位年轻的"95后"姑娘，成为怀庄文化传播的排头兵。

工作中的讲解队员

为来自仁怀市盐津小学的红领巾小记者们讲解怀庄历史和文化。

作为讲解员，不仅要具备既"专"又"博"的专业知识，还要有端庄大方、举止得体的礼仪素养，更要有良好的心理素质和应变能力。

工作伊始，从来没有讲解经验的5个人，就跟在别人身后学习。尤其是在董事长亲自讲解时，认真做笔记。在多次的跟班学习中，熟悉怀庄背后悠久的历史文化底蕴，在积累中逐渐习得工作的要领。

宋小青作为组长，成为"第一个吃螃蟹的人"。"在熟悉一段时间后，先尝试从图书馆开始，慢慢再到四合院，最后再到全场讲解。"

在讲解过程中，难免会遇到客人各式各样的问题。每当接不住问题，宋小青就会在工作闲暇，泡在图书馆里补足精神之钙。查阅相关资料，认真做笔记，虽然工作时间不长，但是笔记已有厚厚的几大本。

如今，接不住客人问题的情况越来越少。耳濡目染中，怀庄文化、点滴故事已在几位姑娘的心间落地生根。

宋小青介绍："书屋内藏书很多，有些可能自己一时都找不到。但是哪一本书在哪个位置，哪本书讲了什么内容，哪段话里提到了怀庄，'老人家'烂熟于心，直到现在都清楚记得。"

创馆初期，在同行眼中陈果是"不务正业"。多年坚守，书香怀庄结出累累硕果。

叶辛坦言："见过很多搞企业的人收藏书籍，但是大多是做做样子，做做摆设。陈果不一样，他是发自内心地想搞好这个事情。"

每一次的肯定和认可，都是陈果和怀庄继续前进的动力。

第七章　书香怀庄

让阅读成为习惯

图书馆具有贮藏和传播知识的功能。"茅台德庄书屋"这座以企业之力建设的图书馆，着力培育企业文化和传承地方文化。

访谈中，不止一位员工讲道，因为文化程度和知识水平不高，总担心难以做好日常工作。而茅台德庄书屋的建设，正好为员工弥补短板提供了平台。在陈果的热切关心和倡导下，怀庄积极营造"守初心""讲仁德""重孝义""好阅读"的文化氛围，以此提升员工文化品位和人文素养。

为了保障员工读书的时间和机会，怀庄在2017年下发文件，要求全体员工每周到图书馆阅读两小时，而且要以"诵读"方式读书。陈果认为，诵读可以让人更安静读书，提高读书效果。读书需大声朗诵出来，让人从内而外感受读书的好处，可令人精神振奋、意气风发，激发员工读书、爱书、用书的热情。

怀庄所发起的读书活动，正是为了提升员工阅读水平、演讲水平和文化修养。在拥书5万卷的典雅殿堂里，在怀庄这个大家庭中继续学习进步，实现企业的社会教育职能。

作为亲历者，胡建华主任回忆："文件下发后，首先是自己带着四合院的几位姑娘，每天上班后，站在图书馆门前列队诵读。随后，诵读逐渐扩散到别的员工，阅读的人越来越多。"宋小青坦言："自己从未想过踏出校门还需要早读。"

针对不同岗位员工工作时间各异的情况，文件并非强制执行，更多从激励阅读角度出发，努力为员工创设良好的条件，满足阅读之需。

胡建华主任介绍："书屋建成以后，实行规范化管理，制定了图书管

理、借阅规则,将图书分门别类登记造册,加盖图书专用章。为方便读者借阅查询,集团专门请杭州市的一家公司,组建一套图书录入借阅系统,使借、阅、查更加便捷。"

怀庄秉持"有书不读子孙愚"理念,坚持书香润家风。

怀庄还倡导,有条件的家庭要有书房,没有条件的要有书柜;每个办公室必须摆有书;每个专卖店必须有图书展示。

让阅读成为一种习惯。当读书氛围形成,潜移默化中,每一个员工家庭都会成为"书香之家"。

陈侠舟介绍,"家里装修,基本上要把书柜装起来,没有书不要紧,集团免费赠送"。他说:"这个做法我觉得很好的,不仅对自己,更是对下一辈子女的教育,不知不觉当中树立起一个阅读的观念来。"

耳濡目染书香气,自有芳心蕴慧真。

宋小青2021年入职,沐浴在书香怀庄两年多的时间里,她最大的感触是"身为一个仁怀人,来到怀庄才发现,从来不了解仁怀这片土地"。

她说:"赤水河畔的酒都仁怀,有着交相辉映的地域文化特色,悠久的赤水河流域农耕文明、酒文化、长征文化、古盐运文化等等。虽然是自己家乡,但是以前却并不了解。"

进入怀庄,涉猎书屋众多的地方志,耳闻领导同事的倾心讲授,接触酒都各业专家人才。宋小青重新认识了家乡这片土地,"原来从小司空见惯的地方,竟然蕴藏着这么多人文典故"。

除了下发文件,还陆续成立怀庄读书会、怀庄诗社、怀庄书画院等,推进读书学习和员工的终身学习,在潜移默化中传承和弘扬赤水河流域文化,作育地方文化人才。

第七章　书香怀庄

"这座图书馆不只属于陈果个人或怀庄"

茅台德庄书屋除了服务于员工外，还将之与广大市民、海内外读书人共享，充分发挥图书馆的公共服务职能。书屋为大众广开知识之门，将难得的文献典籍无私开放，因为他们坚信：这座图书馆不只属于陈果个人或怀庄集团，更属于仁怀，乃至贵州。此等格局和气魄，十分令人敬佩。海量藏书免费开放，切切实实惠及当地乃至全国的读者。

自茅台德庄书屋建成以来，免费向公众开放，服务社会取得骄人的成绩，为地方文化研究、传承和保护发挥积极作用。据"天眼新闻"报道，"书屋免费向公众开放，每天平均接待全国各地各类读者300人次。实现了'以传承文化，承古续今，共享文明为理念'的建馆初衷"。

这等接待量，对于一个地方图书馆来说，都是非常了不得的业绩。而对一个企业运作的图书馆，则更为难得了。"许多研究赤水河流域文化的大学生、研究生、专家学者和喜欢地域文化的朋友，都把这里视作一个可以有很多收获的好去处。"

一次参观完茅台德庄书屋后，仁怀市人大常委会副主任、市总工会主席吕恩说："各基层组织要更加注重'职工书屋'建设，把职工书屋建设作为推进职工素质建设工程的重要载体，培育企业文化的重要途径。加强规范化、标准化书屋建设，使企业职工书屋成为广大职工成长进步的加油站、增长才干的黄金屋、健康心灵的智慧库、创建和谐的连心桥。"

在工会的号召下，在怀庄建造书屋的触动下，仁怀多家企业也建起了书屋、图书馆，可以说怀庄引领了仁怀阅读新风尚的形成。诚如陈果所言："怀

庄带动了仁怀所有企业都在向读书和图书馆方面走，公开向我们学习。"

茅台德庄书屋积极服务公众，取得的成绩有目共睹。书屋颜值与内涵并存，所获荣誉不胜枚举。

2017年，荣获贵州省总工会全省"职工书屋示范点"，贵州省"诗教先进单位"和全国"中华诗教先进单位"。

2018年，经贵州省社会科学院授权，"贵州黔学研究院研究基地""贵州省乡贤文化研究中心研究基地"，在茅台德庄书屋挂牌。

同年，荣获中华全国总工会全国"职工书屋示范点"。2018年12月13日，贵州省总工会宣教部赵福中部长一行赴怀庄，为怀庄举行授匾仪式。

第七章 书香怀庄

书屋定期邀请社会各界大家授课，为员工提供学习平台，通过聆听名家讲座，提升员工文化素养和生活品位。2020年10月，叶辛受邀走进怀庄，为员工分享《打开贵州这本书》《茅台酒秘史》。2021年6月6日，周山荣《聊聊酱酒》讲座暨新书分享会在怀庄四合院举行，200多位怀庄员工参加。

每年"世界读书日"，茅台德庄书屋都会举行专题读书活动，邀请专家为员工分享一本好书。2021年4月23日，周山荣领衔的苹果读书会，在茅台德庄书屋开展读书活动，吸引社会各界90多人参加。苹果读书会由周山荣、贺剑、张青三人创建，在仁怀以"读书三人行"知名，激发和引领市民读书热情，怀庄成为他们的主阵地。

当每一个市民都愿意亲近书籍时，这座城市也将更深地拥抱文明。

怀庄将继续推广全民阅读，让读书学习成为终身课题和长久任务，让"书香"飘进企业的每一个角落。怀庄还将继续扛起茅台德庄书屋这面旗帜，以万卷藏书，贡献给仁怀的文化事业，为建设书香仁怀贡献怀庄力量。

茅台德庄书屋世界读书日活动

怀庄销售副总经理刘浩洋，在世界读书日活动上分享读书心得。幽幽书籍味、浓浓怀庄情，一书一世界、一酒一乾坤，书香酒香，相得益彰。

"赤水河流域文化中心"的怀庄贡献

> "赤水河流域文化中心",是陈果和怀庄建图书馆、倡导编书的更高追求。个人和企业的力量可能有限,但其感召力和影响力,却是无穷的。

如果说陈果与怀庄对德庄文化的阐扬,有出于作为"德庄的儿子"的"私心"。那么,陈果和怀庄投身赤水河流域文化建设与发展,则很难再以"私心"视之了。

2016年12月14日,作为工商经济界别委员,陈果在仁怀市政协第五届二十次常委会上,围绕仁怀市"打造赤水河流域区域性中心城市、当好西部内陆开放新高地领头雁"做了主题发言。陈果认为,打造赤水河领域区域性中心城市,真正实现了跳出仁怀看仁怀,跳出仁怀思考仁怀,其影响和意义不同凡响。

陈果说:"区域中心城市的经济力量与社会文化力量是相辅相成的。"有观点认为,仁怀市文化状况与经济高速发展极不匹配,将制约仁怀区域经济文化的进一步发展。陈果直言:"我就打造赤水河流域文化中心城市,提五点建议,可以称为'五个一'工程,仅供参考。"

他的具体建议如下:聚焦酱香型白酒文化和盐运文化,规划建设一个赤水河流域历史文化博物馆。整合现有乡村旅游文化资源和基础设施,规划建设

第七章　书香怀庄

一个赤水河流域农耕文化博览园。聚焦赤水河流域文化资源和影视元素，规划建设一座赤水河影视文化城。聚焦文化创意产业，规划建设一个赤水河流域文化产业创意园。支持建设一批图书馆和书屋，整理、编纂和出版一批赤水河流域文化资料。

赤水河流经云南、四川、贵州三省十余个县市区，要以仁怀一地之力承担起如此重任，显然面临不小的难度。陈果提出的"五个一"构想，不只是一种空想，更成为陈果和怀庄一直努力实现的目标。怀庄不只是坐而言，更起而行，将构想转化为行动的指南。

陈果呼吁的"赤水河流域历史文化博物馆"，迄今仍未完全得以实现。倒是在怀庄四合院内，怀庄文化博物馆很是显眼。漫步于博物馆内，一块块奖牌，记录怀庄创业所取得的每一份成绩。一张张泛黄的文件和书页，见证了怀庄发展的历史。茅台、国台、钓鱼台、君丰、夜郎古、远明等茅台镇酱香型白酒品牌映入眼帘，展现怀庄人和怀庄文化的包容性。在这里，还能感受赤水河流域酒文化的厚重，诉说着一个个关于酒、关于赤水河的故事。白酒泰斗季克良"怀庄文化博物馆"题字，延续了茅台与怀庄的情谊。

对怀庄来说，更愿意告诉大家的，还是关于图书馆和书的故事。当陈果在仁怀市政协的会上，呼吁建设一批图书馆和编撰一批资料时，就已经开始行动了。2016年8月2日，由贵州省社会科学院、贵州商学院专家组成的联合调研组，顶着烈日到德庄考察。在交流座谈中，专家们对"茅台德庄书屋"建设构想，进行了集中研讨。相关意见得到陈果的首肯，书屋选址、建筑样式、展陈布置、图书种类、功能性质，都与今日之"茅台德庄书屋"相近。

"和他交谈，他不谈酿酒，不谈卖酒，他喜欢谈德庄，谈德庄的历史、德庄的掌故、德庄的文化。"与陈果交流的人中，有这种感触的应该不止一位两位。他喜欢写作，自谦道："闲暇时，也爱以散文方式，记录一些人和

怀庄文化博物馆外景

由季克良题写的"怀庄文化博物馆",延续了茅台与怀庄的良好情谊。怀庄文化博物馆展陈,以开放包容的心态,在展出怀庄历史和文化的同时,还能见到众多仁怀酱香型白酒品牌的身影。

第七章　书香怀庄

事。"每每与陈果相见，他都很高兴地说："我又编了一本书哦，你走的时候带本去。"他所编辑的"茅台德庄"系列丛书，汇集了诸多极具价值的地方历史文化资料。

一位年逾古稀的老人，自言不抽烟、不打牌、不钓鱼，没有别的爱好，投身到编书、印书和送书中，究竟是为何？贵州省社会科学院许峰研究员，对此有精辟的透视。他认为：这是一位乡贤的文化情怀，这是一个企业的社会责任，这是一个地方的文化传承。作为当代乡贤，陈果以高度责任感和使命感，从事地域文化的挖掘、整理、传承和传播工作。

2018年1月5日，在遵义市人大五届二次会议上，陈果建议遵义组织编撰《赤水河通志》《大赤水河百科全书》和《赤水河文化系列丛书》《仁怀大典》或《仁怀丛书》，进一步保护传承赤水河流域文化。由此，我们终于知道，陈果编辑《赤水河盐运史话》，编辑《西苗故里》，编辑"茅台德庄"系列丛书，都不是其最终目的。他想要的，是促成一部前所未有的《赤水河通志》，是一部《大赤水河百科全书》，是赤水河文化系列丛书，是仁怀大典或者仁怀丛书。一言概之，就是要"打造赤水河流域文化中心"，提升赤水河流域文化品位和品格。

就省内而言，由文化名家顾久先生任总纂的《贵州文库》，从2016年启动以来，已取得了重大进展。聚焦于安顺一地文籍的《安顺文库》，其第一辑已经顺利出版发行。《赤水河通志》编纂与相关研究工作的推进，也有可资借鉴的样板。

值得一提的是，贵州省于2023年7月21日印发的《黔中城市群高质量发展规划》，针对仁怀的发展提出如下要求：依托仁怀酱香型白酒文化，建设以赤水河美酒河谷为特色的世界名酒文化旅游带，支持仁怀提升"中国国酒文化之都"发展能级，打造酱香型白酒文化特色浓郁的商旅消费型旅游城市。

无论如何定位，"文化"都将在仁怀的发展中占据核心的位置。陈果畅想的"赤水河流域文化中心"，以及其所从事的系列工作，有望在不远的将来，逐一得到实现。

第八章　人物怀庄

陈果、陈绍松、陈启龙、陈浪、陈元，无疑处于怀庄的核心地位。他们具有超强的凝聚力和非凡的领导力，在不同的时段引领怀庄穿越行业周期，走向更加辉煌的未来。

在怀庄,"老人家"是指陈果,"老厂长"是指陈绍松。"龙哥"是员工对总经理陈启龙的称呼。在年轻一些的员工中,"浪哥""元哥"则是新生代陈浪、陈元的称呼。用怀庄员工的话说,每一个称呼后面,都代表了一种感情。怀庄40年的发展,熔铸到了怀庄人彼此的情感联结中,汇聚成了带有特定含义的称谓。

陈果、陈绍松两位创始人的处世智慧,陈启龙对酿酒技艺的精准理解,陈浪、陈元对怀庄未来的构想,在员工和圈中有口皆碑。他们的所思、所想、所为,小到与员工相处的细节,大到对行业发展走势的精准判断,都为我们走近怀庄、认识怀庄、走进怀庄,提供指引。

怀庄40年
一个酱酒品牌的发展史

陈果：怀瑾握瑜　大道康庄

陈果获得的荣誉很多，社会身份也很多。对酒业发展的坚守，对文化传承的用心，是他着力最多的两件事。

40年前，从德庄走出一个30多岁的年轻小伙——陈果。他意气风发，乘着改革开放的东风，与陈绍松共同创办怀庄。一路上与同伴艰苦奋斗，把怀庄做成国内知名、省内一流的品牌。

党员、厂长、董事长、人大代表、政协委员、经济师……40年间，陈果的身份不断叠加，每多一个身份，既是社会层面予以的一次肯定，也是肩上责任多加一分的具体体现。

怀瑾握瑜，大道康庄。40年来，无论身份如何变，这个创业者诚信酿造的初心未改，认认真真办事的态度始终如一。

40年，酿造的是一瓶怀庄酒，锻造的更是一个人的品质。

陈果1978年春在中华供销社工作时的留影

春回大地，万物复苏。不久后的1982年，陈果、陈绍松开启了40年创业生涯。

第八章 人物怀庄

诚信起步:"多少钱拿给这个小伙都不会失"

聊酒之前,陈果通常会先讲一段关于桐油的故事。

20世纪80年代初,土地包产到户,贵州改革开放拉开大幕。把握时代机遇,时年32岁的陈果与陈绍松租下5间带院坝的仓库,再从四川买入两台50千瓦粮油加工柴油机,一个简易的桐油加工厂就此开办,这是两人首次创业。

为寻找销路,他们商议,到贵阳跑一跑。"我俩用麻布口袋,装了30斤柑橘,穿上崭新的衣服,坐班车前往贵阳。感觉就像陈奂生一样,人地两生疏。"陈果回忆道。电影《陈奂生进城》,讲述了国家实行经济改革以后,憨厚朴实的农民、过去的缺粮户陈奂生,被村里委派为村办厂采购员,进城为厂子采购原料的故事。

兄弟俩到贵阳后,住在北京路的小旅馆,逢人就打听需要油料的地方。好在两天后,顺利找到当时生产香皂、肥皂,对油料需求量大的贵阳东山日化厂。由于仁怀海拔低、原料成熟早,每年可比其他地区提前送油一个月,第一张订单顺利签下。

"没想到,柑橘都没送出去,合同却签好了。"搭上销售线后,陈果负责运油到贵阳,且每次都是当天化验,当天办理银行信汇。合作的一年多里,无论是向当地供销社采购原材料,还是供给桐油,在结算和油品质量上,从未有半点疏漏,在合作中树立起诚信口碑。

一年后,两人意识到油料加工这个行业季节性太强,难以做大。因此,二人商量在经营油料加工厂基础上,办一个酒厂。东山日化厂看中二人的诚信

经营，签订了一个长期销售合同，酒厂的部分启动资金有了保障。

由于采购量大，东山日化厂提前发出通知，要供应商在某天统一到贵阳面商合作。"有的提前一天去，有的提前两天去，都想抢先。我就是按照规定时间才去。"陈果回忆道，自己早上出发，赶到贵阳时快接近下班时间，接待人员将他带到总经理办公室坐了20分钟，聊了聊家常，就让回去休息。

第二天，又通知他可以回仁怀了。陈果心里纳闷，正事还没办呢。又赶紧问接待的工作人员，到底什么情况。"接待人员说，领导已经交代，和你们签。前面来的靠不住，后面来的'这个小伙子，不管多少钱拿给他都不会失'。"

"当时一次签几十万的合同，还惊动了贵阳市纪委，不过审查下来，都是合法合规。"陈果说。

1983年8月，二人在赤水河边的德庄，建了10个窖池，开启了几十年的酿酒生涯。

果敢应变："十年一个发展，十年一个低谷"

"40年间，经历了四次银根紧缩，差不多十年一个发展，十年一个低谷。"陈果说。

1983年到1985年，白酒产业发展迎来改革东风。当地政府提出，"两眼盯着山，双手抱着酒坛坛"。意思是鼓励山上种烤烟和企业酿酒同发展，抢抓经济。

这几年，外向、果敢、热情爱交流的陈果主外跑销售，内敛、沉稳的陈

第八章 人物怀庄

绍松主内抓生产。

办酒厂最初的十年里,对于陈果来说出差一两个月是常事。"以前没有个体户,就弄两箱酒背着,坐上火车一个县一个县地走,找糖酒公司、副食品公司。"

在陈果的记忆中,到北京这样路程遥远的大城市,机票差不多150元一张,对当时的他来说:太贵!没钱坐。相较之下,90公里每小时的火车不仅价格便宜一大半,还很高档,尽管也要坐两天两夜。但都不是问题,关键在于背着酒能不能挤上去。

"背着酒好几次都上不去,人太多了,几次被退票。"陈果说,直到1985年,成都糖酒会开展,提着一箱酒去参加,销售渠道逐渐拓宽。往后多年,各大酒类展销会上,陈果均是一人一箱酒准时出现。

前方销路通畅,后方管理有序,陈果有一定的市场经营,企业也有一定积蓄。1990年,遇到第一次银根紧缩、消费降温、乡镇企业大面积倒闭。陈果做了一个逆势决定:买下茅台镇上的昆明军区酒厂。

昆明军区酒厂创建于改革开放初期,一直以来为部队酿造优质名酒,银根紧缩情况下出让。收购昆明军区酒厂后,加上原厂的多个窖池,怀庄成为当时仁怀最大的制酒民企,陈果的名字也被当地人熟知。

"我和别人角度不一样,跑糖酒会的经验告诉我,白酒是有市场的,这时候买窖池也有一定政策支持。"陈果说。

陈果对市场的判断没错,从1988年起,怀庄产销量逐年攀升,企业连续5次获评全省先进企业。

当然,怀庄也曾经历市场萧条期。据公司员工描述,最艰难时,董事长手中1000块钱的花销,都要反复斟酌。又恰恰是在行业发展下行的时期内,怀庄建成了坛厂包装基地和名酒工业园区酿酒基地两个新厂区。

怀庄的40年，还有两次大环境影响，2000年银根紧缩和2008年金融危机。但影响时间不长，白酒产业虽有低迷，也很快挺过去。

多年来，陈果应对市场的果敢判断，让怀庄实现年产大曲酱香型白酒5000余吨，老酒库存长期保持2万吨以上，日包装量达1万多箱。

陈果本人也因经营有方、业绩突出，先后获得国家农业部"全国第四届乡镇企业家"和"贵州省优秀乡镇企业家"等称号，2005年被评为贵州省劳动模范。

2005年陈果荣获贵州省劳动模范留影

获得省级劳动模范荣誉称号，是对陈果带领怀庄20余年持续经营的最好表彰。

第八章　人物怀庄

文化强企："没人想到，他不声不响地捧出一本书"

"没人想到，他不声不响地，捧出一本书稿《德庄人的情结》。"叶辛在给这本书作序时写道。

作为爱好，陈果从小受家庭影响，濡染儒学，喜欢读书和收藏书籍，多次在《贵州日报》《遵义日报》等报刊上发表文学作品。

"我们家有习惯，我记得我爷爷、父亲每天晚上都要看书。我也有这个习惯，每天晚上不看半个小时的书，根本睡不着。就像抽烟一样，不看书根本睡不着。"陈果说。

这本《德庄人的情结》，记录了陈果记忆中的家乡人、家乡事、家乡文化；此外，还编印了"茅台德庄"系列丛书数十部。

对于企业发展而言，陈果认为，企业要生存靠质量，企业要发展就靠文化。而企业文化，要契合传统文化和地方文化。

在怀庄，大力弘扬传统文化。"三讲、三爱、三感恩"，是衡量一个员工是否合格的标准。而建设一座图书馆，则是陈果近年来主抓的事项。

"仁怀打造国酒文化、红色文化、盐运文化、流域文化等等。我们办图书馆就要抓住政府的方向，配套发展。"以赤水河流域为主题，陈果设计了10个文化专柜，涵盖酒文化、茶文化、西南少数民族文化等。

2016年，"茅台德庄书屋"落成，收录赤水河流域地情图书资料5万余册。每一本书放在哪个位置，怎么来的，陈果都了然于心。

"办图书馆时，也有人说我凭着自己的爱好，有点不务正业，和做酒没

有多大关系。"陈果说，现在看来，不仅带来很多大客户和稳定客户，还带动了仁怀许多企业，向读书和建设图书馆方向走。

2018年，中华全国总工会授牌该书屋为全国职工书屋示范点，吸引各界人士前来查阅资料、学习。当找不到书籍摆放的位置时，员工一般会联系董事长，陈果基本可以在一分钟内找出来。同年，陈果家庭入选国家新闻出版署全国"书香之家"荣誉。

"书不等于文化，但和地方政府文化配套，再加上自己的爱好，就能起到效应。"陈果说，现在，茅台德庄书屋每天有数百人来参观。

陈果与怀庄年青一代

走到哪里，陈果都不忘为茅台德庄书屋搜罗书籍。在怀庄，陈果做得最多的，就是向怀庄年青一代讲述书籍相关的故事。

第八章　人物怀庄

陈绍松：从厂长到"老厂长"

怀庄创业的前20年，陈绍松一直担任厂长，负责日常经营管理。2003年退休后，他成为大家口中的"老厂长"。

2023年4月26日，仁怀市殡仪馆的一个灵堂内外，聚集了上千人，只为送陈厂长一程。

头一天晚上，怀庄创始人之一陈绍松老厂长，因病逝世，享年77岁。

"办理老人家身后事那几天，除了公司职工外，老家100多户父老乡亲，都自发从四处赶来。老家那个村子，很多年前就已经征地搬迁。"陈绍松长孙陈元回忆说。

1983年起，陈绍松一直任怀庄生产厂长。陈厂长这个称呼，便伴随了他一生。

"精打细算"20年

身材魁梧，长相标致。在那个年代，穿上标准的中山装，再佩上两支金星钢笔，是相当的帅气。与陈绍松共同创建怀庄的陈果，描述起陈厂长年轻时的模样，嘴角扬起，笑眯了眼。

陈绍松年轻时在天安门前留影

年轻时的陈绍松，眉宇间自有一股英气。

  除了帅气的外貌，熟悉陈厂长的人还惊叹他会计账目之精细，算盘打得很好，是一个非常优秀的财务。

  陈绍松，出生于1947年，是德庄人。1966年初中毕业4年后，到中华乡任粮管员，后参加湘黔铁路修建工作担任一营统计员。1982年与陈果初次创业，创办油料加工厂，任会计一职。

  创业初期，陈果负责将生产出来的油运到贵阳出售，回来后把银行信汇的信封交给陈绍松。随后，陈果又去各供销社收购原料，陈绍松负责各种款项收支，账务从未有过差错。

第八章　人物怀庄

陈绍松、陈果合影

两位创始人配合无间,是怀庄联合创始人,也是感情深厚的兄弟。胸前的党章,更彰显了两人党员的身份。

改革开放初期,陈厂长"算盘打得精"在当地远近闻名。不仅要算自己厂里的账,周围很多新办厂,都要来请他指点一二。

"那个时候没有会计,也没有什么出纳,会做账的人很少。"陈元回忆,连水务局,都曾来请过他爷爷几次。

随着政策导向转变,怀庄快速成长。厂里员工,从几人扩张到几十上百人,账目也逐渐增加。

大约是20世纪90年代初,陈元上小学期间,凌晨起夜时,总能看到爷爷还在客厅打算盘,茶几上摆满账目,嘴里的烟一根接着一根。

"每天早上我们7点出门上学,他又已经起来了。"陈元说,每天早上奶奶都会因为爷爷抽烟太多发火。

也是那几年,为帮助企业更好发展,仁怀组织培训企业会计。陈果托人带信给陈绍松,让他去县里参加会计培训。

"他得到消息以后很不情愿,来的时候背着一个背篼。给我说,他是来赶场买东西的。"一见面,两兄弟没有说几句话,就为会计培训的事情干起架来。

最后,陈果说:"你要去学就去学,不去学就算了。"拗不过弟弟,陈绍松只好把背篼放在陈果家里,前去学习并通过考试。获得了怀庄的第一个专业技术职称——助理会计师。

再后来,酒厂的三级计量、四级标准成功申报,都是陈绍松亲自上手,干了许多系统性的工作,为怀庄的持续发展奠定了坚实的基础。

陈绍松部分证书

通过税法知识和全面质量管理等方面的学习,将怀庄带上现代经营之路

第八章 人物怀庄

2003年，陈厂长因身体原因，从怀庄退休。20年来，他为怀庄精打细算，账目上从未出过差错，一分一厘都清清楚楚。

是老师更是亲人

陈绍松管理的员工人数，最多时接近百人。员工对这位老厂长的管理，最多的评价是能容错。

陈绍松与怀庄部分员工合影

左起依次为熊顺楷、田云昌、陈果、陈绍松、陈启龙、赵海、罗文献。

敖世虎是陈厂长一手带出来的。他刚入厂时，还是一个20岁出头的农村小伙，对于酿酒不太懂，生产上不时会犯小错。

"老厂长从来不吼人，也不凶我们。"敖世虎说，出现问题后，老厂长总是像长辈一样，和员工一起找出解决问题的办法，避免下次再犯。

在敖世虎的眼中，老厂长一直很有耐心，也很细心。最初，怀庄的老基地，酒生产出来要靠人工背到码头，顺着赤水河发出再转陆运。老厂长生怕发货装货某个环节出错，就将每个批次、每种品牌与船舶、货车一一对应。

"无论产品再多、细分再复杂，只要拿着老厂长的清单，会认字就不会错。"老厂长敦厚朴实的印象和讲究实干的作风，让蒲清勇在多年之后仍记忆深刻。工作上即便出现小的差错，老厂长顶多就是嘱咐几句而已。现在，敖世虎和蒲清勇在生产管理上，同样传承着老厂长的严谨风范。

生活上对员工，老厂长更像亲人。敖世虎清晰记得，那年的一个雨夜，他的小孩子突发疾病辗转送往医院，情急之下给老厂长打电话求助。老厂长便联系了大巴车，连夜冒雨包车带着厂里员工赶到医院探望慰问。

"当时，打扫卫生的阿姨，看我这个病房人多，就不高兴，说给她打扫添麻烦。老厂长当即就呵斥了她几句。那是我唯一一次见他跟人急眼。"敖世虎说。

在陈元的记忆中，爷爷一生都是古道热肠之人，对公司员工和所有身边的人都非常关爱。每年春节时，老厂长和陈果都要带着慰问品，一家一家地走，一家一家地去了解大家的生活和困难。

"在经营怀庄20多年的岁月里，他把自己的精力和心血，贡献给了他一生挚爱的怀庄事业，才让和我一样的很多穷小子改变了命运。"今年4月28日，在老厂长追悼会上，他曾带过、现已是怀庄领导的赵海，在哀悼词中如是写道。

第八章 人物怀庄

厚实的爱

在大家的印象中，陈绍松话不多，不太表达情感，但关爱却很厚重。

1989年，怀庄赊一批酒给河南客人，后来这个客人迟迟不付款。陈绍松与陈果商量，由陈果去催账。陈果到河南找到那位客人，将剩下的酒收回来，找了车辆运往黄河北上，到山西文水县去重新找客户销售。

当车过黄河上轮渡时，车轮在木板桥上打滑，车子差点掉进黄河里。惊魂未定的陈果，大费周折把酒运到山西后，给陈绍松写信，谈到这次危险事故。

"我回来后，听公社武装部赵部长说，大哥看到信后非常激动，还把信在好朋友之间传阅。感动之余，大哥逢人就夸我的文笔好，做事细心不怕艰苦。"陈果说，通过这件事情，他更加明白自己在大哥心中的位置，是多么的重要。

对于创业伙伴，他无条件信任。对于子女，他十分严格，虽然没有厉声训斥、棍棒相加，但一个眼神便能让他们肃然起敬。

"我父亲的爱是含蓄的，是无声表达的。当我用心去感受、去回想，我父亲的爱是威严的、是伟岸的。"陈绍松的女儿陈启红描述父亲的形象时说，每当犯一个小错误时，父亲的一个表情即让兄弟姐妹态度端正。但当儿女受伤回巢时，父亲依然绿叶蓬生，润泽伤口。

对于家乡人，陈绍松一直保持谦卑和谐的态度，尤其把乡情看得很重。

"我小时候，我们只要回老家去，爷爷一定先到街上大包小包买饼干糖果之类，到了村里挨家挨户分。村里谁家婚丧嫁娶，他一定会亲自到场帮

忙。"陈元说，这个习惯现在由他和父亲继续延续。

"我过去不太理解，比如我父亲接到乡亲来电话请吃酒，他都会把手边工作推掉回去。"陈元说，这一次爷爷过世，能来这么多人。他明白了，人无论走到哪里，都不能忘记从哪里来。

与陈绍松接触过的人，都知道老厂长一直过着朴素务实的生活。

一辈子生活节俭的陈绍松，从不追求奢侈和浮华的物质享受。从怀庄退下来后，老厂长将自己穿了大半辈子的西装，整齐收好，换上朴素休闲装。最大的爱好，是听听评书，看看时事新闻、体坛赛事，经常和子孙讨论体坛热点。

"他常给我们说，一个人，要时时关注新闻，热爱体育。有超前的思想和健康的体魄，才能不走弯路，少走弯路，走正确的路。"陈元回忆陈绍松晚年生活时说。

第八章　人物怀庄

陈启龙：酿一杯有生命的酒

陈启龙的低调，是圈中有名的。这位从德庄走出的子弟，"创一代"和"创二代"的身份交汇。入选"中国好人榜"的他，是一位真正的酿酒大师。

在怀庄酒业总经理陈启龙的办公室，无论是办公桌还是书柜，甚至连茶台上，都摆放着大大小小的玻璃瓶，里面装着各种酒样。

品酒中的陈启龙

品酒师是怎样炼成的？陈启龙可以告诉大家答案。

怀庄40年
一个酱酒品牌的发展史

"你欺骗工艺，在原料上偷奸耍滑，出酒率就会低，酒质就会差。"陈启龙说，白酒的酿造工艺传统又特殊，酿酒人要心怀敬畏，酱香酒从酿制到储存，到包装，到品饮，一生都是发酵和呼吸的过程。所以，酱香酒又被称为有生命的酒，酿酒过程中的任何环节都来不得半点虚假。

说起陈启龙成为贵州省酿酒大师，要追溯到1983年。那时父亲陈绍松与陈果创办怀庄，20岁不到的陈启龙，就随父亲入厂帮忙。从一名酿酒工人开始干起，一干便激发了陈启龙品酒的天赋。从此，他用舌尖品味纯净，用味蕾捕捉芳香，勾调出多彩人生。

陈启龙年轻时候的照片

陈启龙身上，低调与前卫并具。他较少出现在公众场合，始终保持着低调朴素的形象，却从事着白酒品评与勾调这一极为前卫的工作。

第八章 人物怀庄

师从李兴发

20世纪80年代到90年代,是陈启龙入门阶段,也是他最终成长为酿酒大师的关键时期,更是怀庄发展的关键时期。

当时,没有精确仪器,全凭酒师经验积累,判别酒的质量和酒精度数。对酒厂来说,培养自己的酒师,是后续闯市场的关键。

"那时还是跟茅酒厂学,开始我们请的曲师、酒师都是茅台酒厂的人,按茅台酒的工艺干,跟着干。"初入门时,陈启龙就对酒香有明显的分辨能力,味觉上似乎也比普通人更敏锐,对酱香型白酒的生产、品质有着独到的见解。

在那个时期,想要在技术上有所突破,民营酒厂多半会从茅台聘请技术人员做兼职顾问。怀庄也一样,聘请了茅台酒厂的酿酒大师李兴发作指导。

"大概一周去请他来一次,找车专门去接他过来。"陈启龙说,每当自己在勾调的过程中遇到棘手问题,都会前去请教李兴发。

有一次,要勾调几百斤酒。陈启龙反复调了多次,味道就是不对。他赶紧去请教李兴发。

李兴发到后一尝,就对陈启龙说:"你把放在角落的那坛老酒加点进去,就对了。"

后来,出于对李兴发的钦佩,陈启龙更加努力,心里暗下决心,将来也要成为一名优秀的品酒师。至此以后,下午勾调,次日早晨品酒成了陈启龙工作的常态。

品酒是鉴别酒体品质的关键,白酒行业从业者只有提升白酒品评知识,

正确掌握品评技能，才能提高自己的鉴别能力。

李兴发时不时也会来给这个学生出评鉴题，考一考近期的成效。在一张桌上，摆放着十多种白酒，陈启龙需要一一品尝，并写出感官评价结果，这是李兴发最常用的测试题。

每当勾调出一款不错的酒时，陈启龙也会找李兴发品鉴。就在这样的互动中，陈启龙的品酒和勾调水平，不断提升。

会炒菜的酿酒大师

陈启龙常常把调酒比作炒菜。

"什么时候放酱油、放盐，什么火候炒什么菜，和酿酒原理一样。"陈启龙说，如同要勾调十年份的酒，那基酒也要选择十年以上。

道理听着简单，但真要调出一款高品质的酒，就要考验酿酒师的综合水平。

"尝酒是常态，要了解整个库房的酒。生产出来的酒3个月后的变化，半年后的变化，一年后的变化，基本都要尝。"陈启龙说，调一杯酒，从小样就要尝，调到大样里要尝，一个星期或者10天内这个酒尝来都没有其他的杂味。有些酒要到半个月后才稳定，这时就可以出厂了。

2016年，陈启龙获贵州省酿酒大师称号。这一称号，需要时间的积累，更要有深厚的酿酒理论基础和实践经验，在推动酿酒技术创新、科研成果转化及应用等方面业绩突出，带领企业取得重大经济效益和社会效益，为酿酒事业发展做出重要的贡献。

第八章　人物怀庄

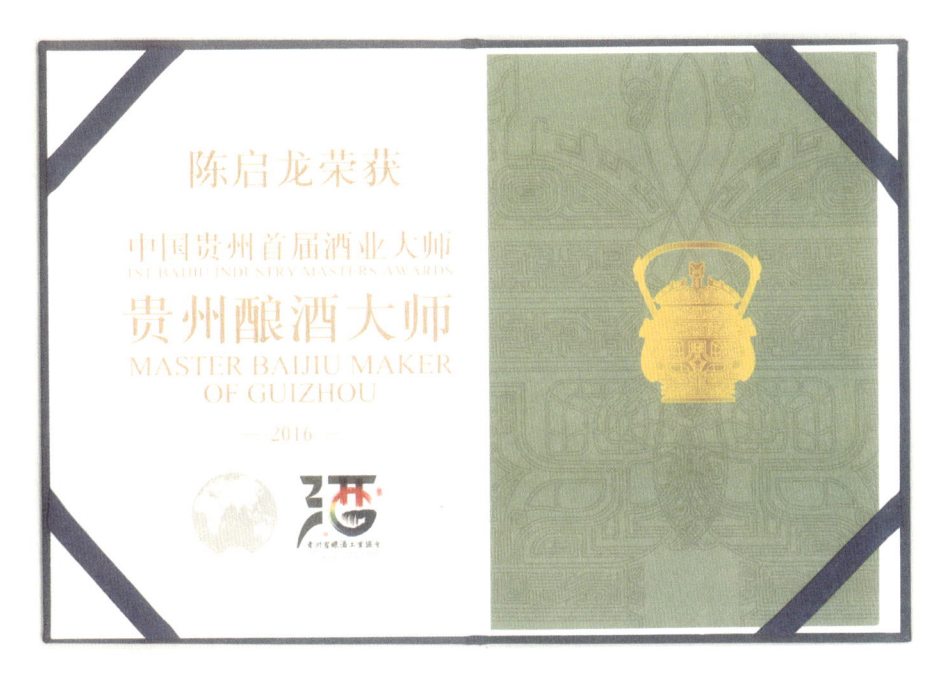

陈启龙荣获贵州酿酒大师称号

这是对陈启龙酿酒生涯的肯定，也是对怀庄坚守传统大曲酱香型白酒酿造工艺的肯定。

多年来，在陈启龙的带领下，所酿造的怀庄酒，因品质上乘而畅销全国。怀庄也获得中国驰名商标、比利时布鲁塞尔国际烈性酒大奖赛金奖等殊荣。

陈启龙签名款的怀庄"匠心酿造"，在市面畅销。原因之一，就是酿酒大师的工匠标签。

众多经销商对这款酒的评价，是有着出色酒体，纯净的口味。用陈年基酒调配，老酒的陈香味，使酱香更加突出。口味正宗，幽雅细腻，价格在老酒中又显得实惠。

现在，怀庄已有贵州省白酒评委3位。陈启龙也由当初青涩的学生，成为出题考怀庄酒师的"师父"。

在怀庄的研发中心，新晋的品酒师们，会先准备好自己勾调的酒，等着陈启龙一一评鉴后给出意见。

受陈启龙的熏陶，怀庄的酒师们在酿酒过程中，不断传承经典。同时注重创新，运用现代科学技术，使酒品在传承经典的基础上，更具有时代感和现代感。

"怀庄大师的酒艺，让中国酱香酒受到了广泛的关注和认可。"陈启龙说，作为新时代的酿酒人，积极创新，为将酱香酒的品质提升到一个新高度，注入新的活力和动力。

高质量发展

"怀庄酒业未来将继续以高质量发展为统揽，将怀庄打造为文化深厚、品牌有力彰显的中华老字号企业。"2023年6月25日，在贵州怀庄核心品牌首届端午封藏文化节上，陈启龙作为公司管理者阐述了未来目标。

从一线工人到酿酒师再到企业决策者，陈启龙说实质上都一样，都是要做好一瓶酒。

2003年开始，陈启龙接替父亲陈绍松的岗位，分管怀庄酒业生产，正式成为公司负责人。而父亲也将自己多年的管理经验倾囊相授，即便是比较麻烦的事务，陈启龙也能很快上手。

第八章　人物怀庄

陈启龙与陈果

在重要场合，陈启龙常与陈果共同出席。2004年，仁怀市获"中国酒都"认定。图为陈果、陈启龙参加庆祝活动时留影。

"我父亲说，管理和做事是融会贯通的，一通百通。"陈启龙说，管理有规章制度，而他要做的是适应时代变化，不断完善。

2004年以来，陈启龙曾多次获仁怀市优秀共产党员、仁怀市关心下一代工作先进工作者、仁怀市总工会爱员工优秀厂长经理等荣誉称号。2016年，陈启龙以"企业经理30余年诚信酿酒　打造信用企业"主要事迹，入选当年4月"中国好人榜"。

怀庄40年
一个酱酒品牌的发展史

工作中的陈启龙

陈绍松退休后，陈启龙逐渐走上前台。图为工作中的陈启龙与陈果（右）、赵海（左）。那时候的赵海，尚有一头乌黑的头发。

在经营方面看，借由端午封藏活动打造独具品牌特色的IP，也向行业展示了怀庄的"长期主义"，同样可见决策者对市场的长远目光。

"近年来，为促进酱香白酒的发展，贵州出台了很多利好政策。仁怀拥有生产酱酒得天独厚的优势，白酒产业的发展，离不开产业链上下游所有企业的共同努力。"陈启龙说，怀庄作为仁怀发展较早的民营企业和地方头部酒企，将继续聚焦主业，坚守匠心，严格标准，提升品质，夯实品牌，持续酿出一瓶好酒。

第八章　人物怀庄

怀庄新生代：创新以致远

> 经过多年历练，新生代陈浪、陈元，开始进入公司管理岗位。巧合的是，他们之间的年龄差，与两位创始人一样，也是相差三岁。怀庄未来发展蓝图，在他们心中已逐渐清晰。

怀庄成立的次年，创始人陈果的儿子陈浪出生。再三年之后，另一位创始人陈绍松的孙子辈陈元出生。40年中，陈浪、陈元成长为怀庄新一代力量。

怀庄发展至今，注入了三代人的心血，传承了老一辈刻苦耐劳的实干精神。新一代在延续老一辈稳扎稳打思想的同时，为适应当今时代的发展，更注重改革与创新。

初出茅庐：以为是去坐办公室

在一线车间干了三天，手上满是水泡，从小就没干过重活的陈元，决定再也不干了。

"我说打死都不去，我要去西安，我不在生产上。"陈元和父亲大吵一架，但父亲态度坚决，必须留在一线。

怀庄40年
一个酱酒品牌的发展史

那是2008年,陈元22岁,刚从西安理工大学毕业。计算机、互联网,正是当时的热门行业。原本打定主意留在西安发展的他,最终在父亲劝说下,回家进厂。

工作中的陈元

作为怀庄新生代,他们的历练和成长过程与上一辈完全不同。

"开始,我以为坐办公室。但是没有想到,回来我父亲说,你必须要在生产车间一线干,把酿酒搞清楚了再说。"和父亲几翻争执后,年轻的陈元被安排到库管的位置,一管就是8年。

"这个位置十分关键,酒酿出来,记数、入库全靠人工,必须交给值得信赖的人。"彼时,陈元的父亲陈启龙任怀庄总经理。

初出茅庐,一些工人就"欺负"东家少爷不懂,计量过程称了一次又称

第八章　人物怀庄

第二次。

"因为工人是计数工资,越多越好。我和父亲抱怨,但他每次都让我自己去解决。到后面,慢慢熟悉,也找到方法。"8年间,陈元和工人吃在一起,住在一起,不仅和大家打成一片,酿酒的门道也摸透了。

与陈元被迫进厂不同,陈浪从小就更显稳重,清楚知道自己家族企业要担负的责任。

"公司成立的时候,绍松伯伯管厂里经营,我父亲搞销售,创业初期非常辛苦。一天就出去跑,一年看不到几次。"陈浪说,虽然聚少离多,但父亲尽可能地给自己和妹妹创造好的学习和生活环境。所以,他从小就立志为父亲分担。

工作中的陈浪

作为怀庄新生代,他们将与怀庄共同奔赴更加美好的明天

陈浪从北京理工大学毕业后，比陈元早两年就回到家乡，因为所学专业和实际应用区别很大。于是，他决定先到茅台就业，从一线酿酒工人做起。用他的话说，算是"偷师学艺"。

"学技术，学管理规范。"直到2011年，陈浪才从茅台集团辞职，回到怀庄。

此时，贵州省委政府提出"一看三打造"战略，怀庄在坛厂和名酒工业园区投资建厂，员工总数已达500人。

新园区建设，急需用人。陈元以助理的身份，协助有着几十年管理经验的雷华德厂长参与建设。陈浪则是项目哪个位置缺人，就顶上去。

逆境生长：一个企业发展不容易

2012年三公消费禁令出台，整个白酒行业下滑，很多企业断臂自救，或者转行自保。两位掌舵人，坚持守住500个怀庄员工的家庭收入来源。这让陈浪、陈元感受到，一个企业发展的不易，以及自己需要承担的责任。

"我读初中、高中时，厂里也遇到几次困难。"陈浪回忆，即便是自己印象最深刻的一次，也不及这波带来的影响大。

参与怀庄管理后，陈浪主要负责财务："那两年最恼火，每一笔钱都要算三四遍，都不能确定先付哪里。"

那几年，一边要扩厂，一边面临银行不续贷。在财务管理问题上，陈浪也是反复研究，绞尽脑汁首先保住工人基本工资。

新基地建设完工后，陈元则一直作为雷华德的助理，管理一个生产基地。

"我记得，我们基地最难的是2015年。有几个月，只能发1000元左右的保底工资。"陈元说，虽然工人也能理解大环境带来的影响，但一种无形的压力明显增强。

市场逐渐回暖，雷厂长也到了退休年龄。这个基地，完全交到陈元手上。

"压力真的很大，自己给自己的压力。我记得在开始那一年，睡得很晚，醒得很早，每天早上四点多五点钟就起了。"陈元说，以前有什么事情，实在解决不了还可以找师父。现在都只能自己面对，而最让陈元头疼的是群众工作。

陈元印象深刻的一次，是征地群众家庭的就业问题。基地周围有一户群众，一个妇女带三个孩子。按照土地征收政策，她家只有一个名额。但她有两个孩子已成年，都还没有工作。几次到办公室，找陈元想想办法。

走访协调的过程中，陈元主动提出来多给一个名额。"我有同事不赞成，说搞了麻烦，后续别人要找上来，还给不给？政府怕也不好办。"面对质疑，陈元已褪去初进厂时的青涩莽撞，处理问题也转向沉稳。

陈元主动找到政府工作人员，解释多分配一个名额的考虑，他的想法得以实现。直到现在，逢年过节，这个大姐总会提点腊肉什么的给陈元送来。

"我觉得老一辈给我们灌输的是他需要什么，就要给他帮助。不是说我们要做一些表象的，什么捐资这些。"陈元说，正是这几年的逆境，他和陈浪各方面能力都有所提升。

面向未来：我们要做百年企业

虽然陈浪仅比陈元大三四岁，但辈分上，陈元一直按照遵义习惯，称其"浪大爷"。陈浪则称陈元为"元总"。

最近，陈元和他的浪大爷刚去深圳学习回来。"学习先进企业的管理模

式和经营理念,这样的学习这一两年比较频繁。"陈浪说。

老一辈的陈果、陈绍松一个主内一个管外,股份各占50%,一辈子配合默契。新一代的陈浪和陈元,在企业发展方向上,态度保持一致。

"长远的目标,我们实际上想做百年企业,做成小而精、精而美的企业。不是一味的扩能。如果要扩能,怀庄很多年前就可以找资本入驻。"陈元说,稳健发展,是与白酒产业高质量发展的内在要求相适应的。

"企业发展40年,大方向上,发展格局已经出来了。现在就是要抓好方方面面的精细化管理。"企业财务管理、制度建设和重大决策,陈浪、陈元都已深度参与。

延续上一代人的互信、互助、互补的合作精神,传承"质量求生存、诚信谋发展"的经营理念。承袭老一辈共同的目标,鼎力前行,分工合作。在家族亲情的加持下,陈浪和陈元默契配合,誓将怀庄发展到另一个高度。

陈元说,自己进入怀庄的10多年里,中层干部没有一个人离职,这是老一辈"质量求生存、诚信谋发展"的经营理念被认可,并且为他们带来实质效益。

陈浪坦言,怀庄和其他酒企体制不一样,生产、销售完全分开。"在商言商,对于销售部门,哪个产品利润高一点,就推哪一个,没有集中主推某一个。现在,就是在慢慢尝试,推出辨识度高的主打品牌。"

组织管理上,怀庄一直是稳扎稳打。陈浪认为,优化工作流程,妥善处理细节与整体的关系。企业需要更多的新生力量,注入新鲜血液,才能跟上时代发展的脚步。

又是一年芳草绿,依然十里杏花香。怀庄走过40年后,相比起老一辈的传统企业家,新生代拥有对新鲜事物更加敏锐的嗅觉和洞察力。如何用新办法、新模式,装下怀庄这瓶老酒,且看今朝。

第九章　怀庄力量

40年持续发展，熔铸出怀庄的独特标识。品质筑基、品牌筑魂、品格筑梦这"怀庄三品"，是怀庄穿越时空的积淀，是怀庄继续前行的力量之源，必将继续引领怀庄走向更加美好的明天！

怀庄，这个生长于赤水河畔的酱香型白酒企业。诞生于1983年，与中国改革开放和民营经济发展同频共振。经过40年的发展，怀庄已成为集产、供、销于一体的实体酒类集团企业。面临白酒市场的激烈竞争，怀庄立于不败之地并发展壮大，根源于其对品质、品牌、品格的孜孜追求。品质、品牌、品格构成了怀庄不断前进的力量，是怀庄之魂。

品质筑基

品质是企业生存的根基和命脉。怀庄将极致的品质要求注入企业的基因血脉中，这是怀庄长久发展的关键所在。

怀庄的品质，来自对传统大曲酱香型白酒生产工艺的坚守。怀庄建厂之初，就比照茅台酒工艺，生产大曲酱香型白酒。在发展过程中建立起酒师主导的品控体系，为怀庄酒的品质奠定工艺基础。

第九章　怀庄力量

怀庄的品质，来自对原材料的严苛要求。为保证质量，怀庄严格筛选出最优质的小麦和当地出产的红缨子糯高粱。通过时间和微生物的共同作用，将水、高粱、小麦这三种最为常见的原料，酿制成怀庄美酒。

怀庄的品质，来自对酱酒产区核心密码的充分运用。东经106°22′，北纬27°51′。海拔420米至550米，年平均温度16.7℃，夏季最高温度40℃，炎热季节达半年之久。全年无霜期359天，年降雨量800~1000毫米，日照时间可达1400小时。这就是中国酱香型白酒核心产区仁怀市茅台镇，是怀庄的生产地。怀庄把气候与时间充分结合，端午制曲，重阳下沙。让最适宜的气候与最优质的粮食完美碰撞，酿造出最优质的美酒。

怀庄的品质，来自酒师精益求精的酿制。酿出好酒、美酒、良心酒，长久存世、流芳千古，这是怀庄人孜孜以求的目标。为了保证品质，怀庄的酿酒师严格恪守传统大曲酱香型白酒酿造工艺。为了充分把握酿酒技艺，怀庄的老师傅严格管理、不吝赐教，在生产实践中不断总结经验，培养新人。经过长时间的积累，怀庄建立起以制酒车间班长为骨干、以熟练车间工人为支撑的酿酒人才体系。正是酒师们对质量细节的重视以及对传统工艺的坚守，使怀庄的酒质渐臻完美。

怀庄酒专家品鉴证书

来自遵义市（仁怀市）酒业协会专家团队的品鉴意见，是对怀庄酒品质的权威意见。

品牌筑魂

> 品牌的创建对于企业参与市场竞争、进行市场跨越、稳固和强化市场地位具有重要意义。怀庄历来重视品牌建设，并通过品牌建设使怀庄具有健康、可持续发展的文化生产力。

怀庄的品牌，是数百次荣誉的高度认可。怀庄从当初的8人创业小队到如今逾千人的产业大军，先后获得数百次荣誉。1988年荣获贵州省质量"金凤杯"奖，1996年荣获"96中国名优食品博览会金奖"，2011年荣膺贵州省人民政府"贵州名酒提名奖"，2015年荣获贵州名牌产品、中国驰名商标、比利时布鲁塞尔国际烈性酒大奖赛金奖，2016年荣获第二届"贵州十大名酒"银质名酒奖，2017年获贵州省商务厅认定为"贵州老字号"企业。这些荣誉，奠定了怀庄的品牌基础，积累了怀庄的强烈认同。

怀庄的品牌，是品牌意识的超前引领。在建厂之初，怀庄领导就意识到："有商标的酒肯定比没有商标的酒好卖。同时有了商标，别人就不能乱冒充我们家的酒了。"经过思考，"怀庄"之名呼之欲出。1986年10月20日，"怀庄"牌注册商标正式注册成功，怀庄品牌建设顺利迈出最坚实的一步。

怀庄的品牌，是独特品质的坚定探索。一方面，怀庄有中国酱香型白酒核心产区共有的自然地理条件和微生物资源，也充分遵守传统大曲酱香型白酒生产工艺。在长期的实践中，怀庄形成了独特的工艺流程、勾兑密码和产品体系，形成了怀庄自己的独特品质。

第九章　怀庄力量

怀庄的品牌，是于细微处的严苛管理。怀庄对产品质量的严苛管控，历来都是领先一步、自我加压。2003年，怀庄率先按照5S管理要求对公司库房进行管理。2004年，怀庄通过ISO9001—2000国际质量管理体系认证，并一直获得续认。党的十八大后，为适应高质量发展的新要求，怀庄升级出台了《怀庄酒业集团酱酒生产详细工艺流程》等新制度，全面强化了生产车间、包装车间、制曲车间、成品库房、半成品库房、酒库等部门的质量管理。

怀庄的品牌，是遵循市场规律的科学营销。怀庄在打造过硬品质的基础上，通过每年的糖酒会展示品质，推销产品。除了糖酒会，各地的春交会、秋交会、酒博会、名优特产品交易会等，怀庄都积极组织参加，千方百计去交朋友、推产品、树品牌。面对白酒品牌白热化的竞争，怀庄又通过封坛酒、定制酒、互联网+、直播带货、整合营销等全新营销手段，抢占品牌营销制高点。

怀庄的品牌，是说一不二的诚信支撑。在怀庄的经销商看来，怀庄的酒真，怀庄的人实，卖怀庄的酒能挣钱。怀庄秉持着"酒真""人实"的诚信理念，多年以来坚持做到说一不二，始终将"诚信"视为企业的"命根子"，承诺"相同价位品质更优、同等品质价格更合适"。怀庄因此赢得了经销商和消费者的信任，形成了客户介绍客户的品牌传播效应，使怀庄的客户圈越来越大、越来越稳。

怀庄品牌的力量

建厂伊始,怀庄就高度重视产品质量控制。左图为1988年的质量管理文件,右图为1993年产品质量检验报告,泛黄的纸页静静诉说着怀庄高品质的故事。

第九章 怀庄力量

品格筑梦

"小胜靠智，大胜靠德。"一个企业要想快速发展，得到社会的广泛支持，应该把德行和责任摆在首位。怀庄是一个有品格的企业，怀庄人胸怀端庄，以德运营企业，生产美酒，支撑着怀庄不断发展壮大。

怀庄的品格，在于对企业认同催生的凝聚力。怀庄从建立之初起，就秉持把怀庄打造成"我们的"共同体理念。这样的理念外化为一系列制度和平台的建设，进而把怀庄建成老板、经销商、员工建功创业、勤劳共富的实现平台，这是怀庄扛旗者躬身笃行的大格局、大情怀。怀庄利益共同体的打造，使得员工对企业的高度认可，提升了员工对企业的忠诚度，塑造了怀庄"墙根硬"的企业形象。另外，怀庄倡导感恩伟大时代、感恩酒都仁怀、感恩茅台古镇"三感恩"。而这样的感恩之心，使企业和员工都有了温度，企业与员工之间、员工与员工之间相互温暖。这样的感恩之心，内化为员工日常工作的基本遵循，并转化为对怀庄的呵护。

怀庄的品格，在于对大写之"人"的孜孜以求。在怀庄看来，"酿酒如做人，人做好了，酒肯定不差"！做酒先做人，是怀庄人身体力行的基准和原则。因此，怀庄进人的时候，并不只看学历和技术，而是非常看中员工个人的品行。而诚与孝，则是最受重视的两大品格。面对供应商、经销商和消费者，

怀庄40年
一个酱酒品牌的发展史

怀庄领导团队合影

左起依次为陈元、胡益、罗正超、熊顺楷、田云昌、胡建华、陈果、陈绍松、陈启龙、赵海、罗文献、徐尚权、龚林、帅德明、胡伟。在怀庄这个平台，他们养成了怀庄人良好的品质，从而赋予企业以高尚的品格。

第九章　怀庄力量

怀庄则把诚信作为最高原则，将诚信体现在怀庄经营的每一个环节。而怀庄的诚信，使得怀庄逐渐成为一个有感情、有温度的品牌。怀庄也因此获评贵州省"重合同守信用单位"，中华人民共和国农业部"全国诚信守法乡镇企业"，贵州省最佳信用企业等。另外，怀庄把抓孝文化作为对员工进行思想教育的一个切入点，以孝星、孝贤评选活动为抓手推进孝文化建设。认为只要把这个事情办好，对员工就教育好了。弘扬孝道文化，可以使员工家庭和睦，亲情敦厚，工作起来没有后顾之忧。员工爱岗敬业，做出成绩，又能让父母高兴骄傲，让社会和谐美好。

怀庄的品格，在于铁肩担道义的使命担当。作为一个民营酒企，怀庄坚持以人为本，践行"成长源于仁怀，发展反哺仁怀"的理念，忠诚践行"回报社会是我们怀庄人的义务"这一企业承诺。怀庄成立伊始，在经费有限的情况下，就为贫困山区拉线通电，解决农用电和照明问题。而后又投身"光彩事业"，为社会做出力所能及的贡献。在积极履行企业社会责任的道路上，孝老爱亲、捐资助学、促进就业、环境保护等都留下了怀庄人精彩的足印。而在决战脱贫攻坚、决胜同步小康的征程中，怀庄人又创造出了无愧于时代、无愧于人民、无愧于历史的光辉业绩。据统计，仁怀市脱贫攻坚战打响以来，怀庄先后投入200多万元资金助力地方精准扶贫事业。脱贫攻坚结束后，怀庄又投身乡村振兴战略，积极参与"百企兴百村"行动，充分发挥企业在农特产品采购和消费引领方面的示范作用，助推农村特色产业发展和村集体经济壮大，从而实现乡村产业兴旺和村民生活富裕的目标。

怀庄的品格，在于对产区发展的殚精竭力。中国酱香白酒核心产区是身处这一区域所有酒企的核心资源和关键竞争力。怀庄作为其中一员，充分利用各种机会，为产区发展建言献策，贡献智慧，助推产区发展。董事长陈果利用人大代表和政协委员的身份，多次针对地方经济建设、酱香型白酒产业发展、

酿酒人才队伍建设等问题建言献策，提出富有建设性的提案和意见，得到有关部门的高度重视。怀庄与相关企业一起，制定了《仁怀大曲酱香酒技术标准体系（2015年）》。该标准体系包括8项一至七轮次基酒标准、综合基酒标准和2项技术规范，为仁怀产区大曲酱香型白酒企业的轮次酒生产提供技术指导。

怀庄的品格，在于对地方文化建设的积极贡献。做有文化的酒企，这是怀庄的自觉追求。怀庄注重文物保护，董事长陈果还编印了系列书籍，对"茅台德庄"所蕴含的文化精神和文脉进行全方位透视。幸有"德庄的儿子"陈果和怀庄，幸有德庄文化，承载着茅台古镇和赤水河流域的历史与人文。此外，茅台德庄书屋的创办，成为怀庄文化建设的又一重要内容。以书屋为载体，推动赤水河流域地方文献的收集、保护与整理。并通过成立怀庄读书会、怀庄诗社、怀庄书画院等，推进员工读书学习，在潜移默化中传承和弘扬赤水流域文化，培育地方文化人才。

怀庄走到现在，靠的是品质、品牌和品格，这是怀庄的力量源泉。怀庄将持续打造更加强大的文化软实力，熔铸强大的企业家精神、强烈的企业使命、坚定的一流企业愿景、极致的客户至上主义、严苛的品质追求、彻底的效益意识、坚定的诚信底线、系统的品牌路线、持续不懈的奋斗热情。以此为引领，推动怀庄乘风破浪，砥砺前行，创造更加辉煌的明天。

参考文献

一、企业档案

《怀庄大事记》，1983年至2022年。

《仁怀县怀庄酒厂章程》，1985年9月20日。

《怀庄酒厂关于保证"怀庄牌"系列产品生产质量措施》，1988年。

《仁怀县怀庄酒厂企业管理规定》，1988年修订版。

《怀庄酒厂培训计划》，1988年。

《怀庄酒厂QC小组管理制度》，1988年。

《怀庄酒厂酿造车间QC小组活动计划》，1988年。

《怀庄酒厂制曲车间QC小组活动计划》，1988年。

《怀庄酒厂全面质量关键工序管理总制度》，1989年。

仁怀县标准计量管理局：《怀庄窖酒检验报告单》，1989年至1994年。

《仁怀县怀庄酒厂招收工人协议书》，1991年。

《贵州工商实业公司 贵州省仁怀县怀庄酒厂联营协议书》，1992年。

《贵州省仁怀县茅台镇赖台酒厂 贵州省仁怀县怀庄酒厂联营协议书》，1992年。

《贵州省仁怀县怀庄制酒厂 贵州珍酒厂工矿产品购销合同》，1992年。

仁怀县物价局：《关于调整"怀庄窖"等酒厂、销价格的通知》，1994年。

中共仁怀市茅台镇委员会：《关于取消食品站支部并建怀庄酒厂支部的批复意见》，1998年3月20日。

中共仁怀市茅台镇委员会：《关于怀庄酒厂支部委员会成员选举结果的批复》，1998年4月23日。

《怀庄酒业党支部情况汇报》，2003年。

陈果：《仁怀市茅台镇商会年度工作总结》，2003年至2010年。

贵州省仁怀市茅台镇怀庄酒业有限公司、贵州省仁怀市茅台镇茅宴酿酒厂：《怀庄酒业》，2004至2006年各期。

《贵州怀庄酒业有限责任公司董事长、支部书记陈果先进事迹材料》，2005年。

《贵州省仁怀市茅台镇茅宴酿酒厂厂长（怀庄酒业）陈启龙先进事迹材料》，2006年。

《贵州怀庄酒业（集团）有限责任公司副总经理赵海先进事迹材料》，2009年。

陈启龙：《贵州怀庄酒业（集团）有限责任公司年度工作总结》，2009年至2022年各年度。

中共仁怀市委：《中共仁怀市委关于成立中国共产党贵州怀庄酒业（集团）公司委员会的批复》（仁复〔2012〕10号），2012年6月11日。

怀庄酒业集团党委：《怀庄酒业集团党委年度工作总结》，2012年至2022年各年度。

贵州怀庄酒业（集团）有限责任公司编印：《怀庄酒业报（内部资料）》，2012年至2023年各期。

贵州怀庄酒业（集团）有限责任公司：《仁德怀庄 三十而立——贵州怀庄酒业集团三十周年庆典专题片文稿》，2013年。

贵州怀庄酒业（集团）有限责任公司：《关工委工作总结》，2013年至2022年各年度。

贵州怀庄酒业（集团）有限责任公司：《工会工作总结》，2013年至2022年各年度。

陈果：《三讲三爱三感恩 育德树人大爱心——仁怀市怀庄酒业集团关心下一代工作汇报》，2021年。

贵州怀庄酒业（集团）有限责任公司：《茅台怀庄 四海飘香——贵州怀庄酒业（集团）有限责任公司2021年版专题片文稿》，2021年。

参考文献

贵州怀庄酒业（集团）有限责任公司档案：《"精准扶贫"工作》，2021年归档。

贵州怀庄酒业（集团）有限责任公司档案：《"百企兴百村"工作》，2021年立档。

贵州怀庄酒业（集团）有限责任公司编印：《员工手册》，2022年8月。

陈果：《在怀庄建厂40年纪念酒发布会上的致辞》，2023年8月18日。

贵州怀庄酒业（集团）有限责任公司：《怀庄公益社基本情况》，2023年。

贵州怀庄酒业（集团）有限责任公司：《怀庄简史》，2023年。

贵州怀庄酒业（集团）有限责任公司：《怀庄商标释义》，2023年。

贵州怀庄酒业（集团）有限责任公司：《怀庄精神》，2023年。

二、怀庄资料

[清]陈大常等著，穆升凡编：《茅台德庄陈氏诗文集》，北京：团结出版社，2017年版。

陈果：《德庄人的情结》，北京：团结出版社，2017年版。

陈果编：《茅台德庄碑碣匾额拓片集》，北京：团结出版社，2017年版。

陈果编著：《参政议政文集》第一集"提案篇"，赤水河流域地情图书资料馆暨茅台德庄书屋编印，2019年。

陈果编著：《参政议政文集》第二集"演讲篇"，赤水河流域地情图书资料馆暨茅台德庄书屋编印，2019年。

陈果主编：《茅台德庄述评》，赤水河流域地情图书资料馆暨茅台德庄书屋编印，2020年。

大茅台系列丛书编委会编：《茅台德庄》，上海：文汇出版社，2016年版。

贵州省怀庄酒业集团有限责任公司、贵州省仁怀市老年诗联书画研究会编：《怀庄风韵》，北京：中国文联出版社，2010年版。

贵州怀庄酒业（集团）有限责任公司编：《贵州怀庄酒业（集团）有限责任公司志（1983—2013）》，北京：中国文史出版社，2013年版。

陈连忠、周山荣：《德庄——茅台酒镇的人文注脚》，《贵州日报》2016年7月8日第5版。

郭旭、桂珍明搜集整理：《茅台德庄陈氏契约文书》，贵阳：贵州大学出版社，2022年版。

穆升凡：《茅台德庄人物交游考》，北京：团结出版社，2017年版。

穆升凡：《儒家雅园——德庄》，北京：团结出版社，2017年版。

穆升凡主编：《怀庄酒与诗词歌赋》，北京：团结出版社，2017年版。

穆升凡、陈果主编：《德韵荟萃》，赤水河流域地情图书资料馆暨茅台德庄书屋编印，2020年。

付松：《贵州白酒谋求新突破》，《当代贵州》2014年第23期。

付松：《贵州白酒为何如此自信》，《当代贵州》2014年第26期。

高发强、范灵虹：《酱酒厂里"藏"书馆 市民腹中"窖"诗书——酒都仁怀酒香书味浓》，《贵州日报》2022年06月21日第2版。

郭丽华：《规范白酒行业 打造中国酒都——记仁怀市整顿和规范白酒行业》，《中国酒》2003年第2期。

郭旭、吴大华：《让文物焕发出属于时代的光彩》，《贵州政协报》2019年4月25日第A3版。

龙超亚：《酒业突破前所未有》，《当代贵州》2008年第24期。

谭智勇：《思想再解放 步伐再加快 促进非公有制经济大发展》，《理论与当代》1998年第2期。

吴大华、郭旭：《文物保护利用的"德庄经验"》，《当代贵州》2019年第19期。

吴浩宇：《民营酒厂的图书馆》，《贵州日报》2022年6月16日第6版。

向秋樾：《黔地书香 传承好家风》，《当代贵州》2021年第30期。

徐春燕：《一杯酒的大文章》，《当代贵州》2023年第21期。

许峰、吴大华：《作为乡村文化资源的茅台德庄》，《贵州日报》2019年4月26日13版。

三、延伸书目

[德]弗兰克·特伦特曼著，马灿林、桂强译：《商品帝国：一部消费主义全球史》，北京：九州出版社，2022年版。

[法]让-玛丽·卡德拜著，范郑杰译，王昭审校：《葡萄酒经济学》，北京：社会科学文献出版社，2019年版。

[加]罗德·菲利普斯著，马百亮译：《酒：一部文化史》，上海：格致出版社 上海人民出版社，2019年版。

陈孟强主编：《酱香之魂：历久弥香酒更浓》，北京：中国商业出版社，2020年版。

丁雄军编著：《茅台美学十题》，北京：作家出版社，2023年版。

范同寿、罗仕湘：《独步酒林：茅台酒历史正义》，贵阳：贵州人民出版社，2010年版。

封孝伦、薛富兴：《酒人类学教程》，贵阳：贵州大学出版社，2021年版。

贵州酒百科全书编辑委员会编：《贵州酒百科全书》，贵阳：贵州人民出版社，2016年版。

贵州省地方志编纂委员会编：《贵州省志·酒业》，贵阳：贵州人民出版社，2020年版。

郭旭：《贵州白酒产业发展研究》，武汉：华中师范大学出版社，2023年版。

郭旭、周山荣：《仁怀市酱香型白酒产业发展路径研究》，北京：知识产权出版社，2018年版。

季克良等著：《季克良：我与茅台五十年》，贵阳：贵州人民出版社，2016年版。

蒋南华、张伦学、蒋楚麟：《诗魂与酒魂：贵州酒文化掠影》，贵阳：贵州教育出版社，2006年版。

林向，酒业家编著：《中国酒业激荡四十年》，南昌：百花洲文艺出版社，2019年版。

权图编著：《中国酱酒鉴赏》，北京：人民日报出版社，2012年版。

仁怀酱香白酒科研所、贵州省产品质量监督检验院仁怀分院编：《仁怀大曲酱香酒技术标准体系》，北京：中国标准出版社，2016年版。

商业部商业经济研究所《中国的酒类专卖》编写组编著：《中国的酒类专卖》，北京：中国商业出版社，1982年版。

司马青衫：《被遗忘的光荣：大历史视野下的重庆酒史》，重庆：重庆出版社，2019年版。

王现璋、黄先荣主编：《纵论茅台：茅台建镇八十年纪念文集》，成都：四川大学出版社，2011年版。

王延才主编：《中国酒业20年（1992—2012）》，北京：中国轻工业出版社，2013年版。

吴天祥、田志强编著：《品鉴贵州白酒（第2版）》，北京：北京理工大学出版社，2014年版。

熊子书：《酱香型白酒酿造》，北京：中国轻工业出版社，1994年版。

徐兴海主编：《酒与酒文化》，北京：中国轻工业出版社，2018年版。

张用刚主编：《中国企业史·现代卷》，北京：企业管理出版社，2002年版。

张小军、马玥、熊玥伽：《茅台文化力：聚合发展之势》，北京：电子工业出版社，2022年版。

张小军、马玥、熊玥伽：《茅台工匠力：通往高品质之路》，北京：电子工业出版社，2022年版。

周山荣：《聊聊酱酒》，北京：经济日报出版社，2021年版。

周山荣、龙先绪：《贵州商业古镇茅台》，贵阳：贵州人民出版社，2006年版。

后记

我已经记不清楚，最早是从什么时候、在什么地方听说的怀庄。清楚记得的是，在我很小的时候，它就已经是茅台镇知名的民营酿酒企业。在业内外资本大量进入茅台镇之前，怀庄还一直是茅台镇最大的民营酿酒企业。

数十年来，资本进进出出，轮番在茅台镇上演一幕幕悲喜剧，铩羽而归者有之，本土品牌拥抱资本后被淹没者亦有之。既打响了一批市场知名度较高的酱香型白酒品牌，造就了业界对赤水河流域和茅台镇地域品牌的高度认可。也让资本在为之痴狂的同时，体验到了酱香型白酒行情的水深与滩险。

在这或缓或急展开的帷幕上，怀庄40年来一直坚守在茅台镇，屹立在中国酱香白酒核心产区仁怀的品牌之林。即便面临经济政策调整、市场行情变幻、产业转型发展等多重因素叠加的情况，怀庄仍然能够穿越行业周期，持续经营并不断发展壮大，成长为拥有"中国驰名商标""贵州老字号""贵州名酒提名奖"等荣誉的知名白酒企业。

怀庄40年发展史，是一个知名酱香型白酒品牌的形成史，也是一部改革开放以来民营经济的发展史，它见证了从计划经济到有中国特色的社会主义市场经济体制建立和完善的过程。怀庄所经历的40年，企业家精神不断弘扬、

民营企业活力和创造力不断释放，民营经济成为推进中国式现代化的生力军和推动我国全面建成社会主义现代化强国、实现第二个百年奋斗目标的重要力量。

随着思考的深入，对怀庄越发地感到好奇。是什么样的密码，让一个创建时只有8人的小厂，茁壮成长为业界公认的"三台一庄"，迄今仍与茅台、国台、钓鱼台同列？是什么样的密码，让这个创建于德庄山村的企业，成长为全国知名的酱香型白酒品牌？是什么样的密码，让怀庄拥有仁怀市第一个非公企业党支部、茅台镇第一家非公企业党委？是什么样的密码，让一个有着上千人规模的企业，多年来罕有员工流失？……

近年来，和怀庄人有着无数次的接触，也无数次地品饮怀庄美酒。每当有人问我究竟能喝多少酒时，我总言若是怀庄能饮一瓶。不觉间，怀庄已成为我饮酒的"标准样"，我也成为怀庄的"义务宣传员"。

每一次走进怀庄，都让我有新的触动、新的感动、新的收获。有同样感觉的，还有众多友朋。我们在品饮怀庄美酒、研讨怀庄个案、思考"怀庄密码"时，逐步形成了一些共识。曾有将怀庄的精彩故事形之笔墨的想法，但尚未落笔写下成熟的文字。一来因学力学识甚是有限，不敢贸然动笔。再者，一向低调的怀庄，是否愿意将自己展示在世人面前，我们也没有把握。

趁着怀庄创建40周年的机缘，终于得以启动怀庄个案的研究工作。我与贵州省社会科学院智库工作处处长许峰研究员、马克思主义研究所张云峰副研究员，多番商讨后拟订研究计划、调研方案、访谈提纲、撰稿原则和研究大纲，着手进行研究。

根据研究需要，组织调研团队入驻怀庄，进行拉网式的资料收集和访谈工作。参加调研访谈的除许峰、张云峰和我外，还有多彩贵州网重点报道及内参部主管李思瑾记者，贵州日报天眼新闻方亚丽记者，贵阳市花溪区融媒体中心田花编辑，贵州省社会科学院马克思主义研究所李德生副研究员、历史研究

后记

所谢孝明副研究员及智库工作处秦治遥、党政办钟鑫同志。

通过实地调研走访，收集到了大量的图片、档案、影像和文字资料。在贵州怀庄酒业（集团）有限责任公司陈果董事长、陈启龙总经理亲自关心和大力支持下，访谈取得突出成绩。共访谈了35位怀庄人，录制了数十小时的访谈录音。李银莹老师的速录师团队根据录音，整理出约30万字的访谈文字初稿。

在研究过程中，根据需要又进行了多次补充访谈。为了解市场对怀庄的接受和认知，在省内各地走访多家经销商，多次开展小型座谈。针对省外市场，通过电话、微信等不同方式交流，以了解相关信息。对仁怀市喜头镇卫星村、坛厂街道樟柏社区党支部书记进行了电话访谈，以了解怀庄在乡村振兴中的新思路、新作为。尤其值得一说的是，端午节当天，周山荣老师专门抽出时间，深情回忆了在怀庄工作的时光，并与我就"怀庄模式"进行了深入探讨。在此，向接受访谈的各位表示衷心的感谢，是你们坦诚的交流和对怀庄的付出，才成就了本书。

集中调研结束后，密集进行线上线下交流研讨，拟定具体篇目。除参与调研的许峰、李思瑾、方亚丽、张云峰、李德生、钟鑫、秦治遥外，还邀请了贵州省社会科学院文化研究所所长高刚研究员、贵州日报报刊社省直军警记者站主任欧阳海南、多彩贵州网融媒体传播中心常务副主任彭奇伟、贵州商学院经济与金融学院副教授彭聪、复旦大学中文系博士研究生桂珍明、贵州省社会科学院传媒与舆情研究所助理研究员邹雪，共同撰写部分初稿。

初稿撰写完毕，又请撰稿者进行修改。在修改稿的基础上，由我统一全书体例，进行大幅度修改或重写，以符原初设想。呈现在读者面前的模样，与最初提交的文稿，部分章节已有较大差别。在调研、撰稿和修改的过程中，有赖各位专家学者和记者朋友们的大力支持。在此，需要向各位说一声感谢。没有大家的通力合作，本书不可能顺利完成。

研究过程中，参阅了大量怀庄档案和相关著作。因本书体例关系，未能一一注明。重要参考文献和企业档案，列于书末。企业档案按形成或立档时间先后排列，以见一个企业发展40年资料积累和文化积淀的不易。怀庄相关资料先列专书，次列论文，按著者音序排列。延伸书目则只列专书，为读者进一步了解和阅读提供参考。无论是企业档案、怀庄资料还是延伸书目，列出的仅是本书参考过的甚少一部分，祈读者、作者见谅。

关于怀庄的个案研究，能够从设想变为现实，需要特别感谢陈果董事长、陈启龙总经理的大力支持。他们不但抽出宝贵的时间接受我们的访谈，陈果董事长还专门为调研组讲了两个多小时的"党课"，让我们领略了董事长的魅力和风采。董事长的战略眼光、总经理的务实作风，新生代陈浪、陈元的责任担当，都给我们留下了深刻的印象，让我们对怀庄的了解更加深入。

怀庄副总经理田云昌作为对接联系人，全面协助我们开展资料收集工作。无论是周末的黄昏，还是凌晨一两点钟，对我们都是有求必应，付出了大量的时间和精力。需要感激的怀庄人，还有很多很多，在此无法一一列出。但我想说的是：感谢你们的辛勤工作和努力付出，成就了怀庄，也才成就了本书。我们所做的，只是客观如实地记录下了你们所做的工作。怀庄人和怀庄，必定会从成功走向更加成功、从辉煌走向更加辉煌。

贵州日报报刊社编委、新闻宣传管理办公室主任、高级记者李坤，认真审阅了书稿，改正了书稿中的若干错误。江南大学商学院胡付照副教授，从框架搭建到书稿修改润色，都提供了专业指导。《贵州社会科学》编辑部翟宇副研究员，一直鼓励在学术视角观照下进行通俗化、大众化写作，在审阅书稿时给予了积极的评价。南开大学历史学院郭子健博士，提示我"怀庄是做改革开放史的好题目"，并多有鼓励。贵州省白酒评委敖碧敏，以年轻人对酱酒行业所持的饱满热情和多年从业经验，认真审读了书稿，尽可能弥补

后记

了书中酿酒、品酒专业知识的欠缺。贵州省社会科学院文化研究所副所长李代峰副研究员、贵州商学院徐志昆老师也提供了不同程度的帮助。在此，向各位朋友道一声感谢。

特别感谢著名文化学者顾久先生。书稿草成后，呈先生阅示。先生在百忙中，拨冗为本书作序。感谢先生对怀庄的关心和对晚辈们的鼓励。

写酒，是我的爱好。写怀庄，是一件我愿意倾力为之的事。我愿尽我最大的努力，与大家一道，讲好怀庄故事，阐释好怀庄精神，传播好怀庄文化。

郭 旭

2023 年 9 月